청소년을
위한

채근담

청소년을
위한

채근담

청소년에게 **인생**의 **지혜**를 전하는
동양의 **탈무드**

홍자성 지음 | 이상인 옮김

평 단

우공겸의 서문

찾아오는 사람을 쫓고 홀로 초가에서 살며 학문을 하는 사람은 속세에 사는 사람들과 어울리기를 즐기되, 속세를 버린 사람들과 어울리는 것은 좋아하지 않는다. 망령되게 옛날의 성현聖賢들과 유교 경전經典의 해석을 둘러싸고 논하지만, 소인배와 같이 자연의 변화를 쫓아 구름이 이는 산마루를 서성이지는 않는다. 날마다 어부나 농부들과 오호五湖의 물가나 푸른 들에서 시를 읊조리기는 하지만, 몇 푼 안 되는 이익을 위해 다투고 얼마 안 되는 봉급을 영광스럽게 생각하며 권력과 이권 다툼으로 비린내 나는 소굴에서 사람을 만나 진심을 털어놓지는 않는다. 누구라도 송유宋儒의 도학道學을 배우는 자가 있으면 인도하지만, 불교를 공부하는 이가 있으면 그 몽매함을 깨우쳐주되, 헛된 공론을 일삼는 무뢰배들은 멀리한다. 이로써 산중 생활에 만족한다고 여겨왔다.

어느 날 내 벗인 홍자성이 《채근담》을 가져와 보여주며, 서문을 써달라고 부탁했다. 처음에는 대수롭지 않게 여겨

대충 한 번 훑어보기만 했다. 그러다가 책상 위에 있는 낡은 책들을 치워놓고, 마음속의 잡념을 털어버린 다음 손에 들고 읽다가 그 책의 '진가'를 알아차렸다. 세상을 보는 그의 눈은 이미 성현의 경지에 이르렀고, 부귀와 공명을 티끌처럼 보았으니 그 식견과 기상이 높고 깊음을 알았다. 붓끝으로 써내려간 글은 진리가 아닌 것이 없고, 그 표현은 모두 자연의 법칙 그대로였다. 자신이 스스로 터득한 것은 어떠한가? 자신이 몸에 체득했는지는 알 수가 없지만, 그가 털어놓은 말은 모두 세상에 약이 되고 사람을 깨우쳐주는 중요한 것들뿐이어서 귀로 듣고 금방 입 밖에 낼 만한 가벼운 것이 아니다.

이 글을 '채근菜根'이라고 이름 붙인 것처럼, 그는 청렴한 생활을 하며 인생의 역경을 극복했다. 또한 모든 것을 스스로 심고 물을 주어 가꾸면서 세상의 진리를 터득하고 인격을 수양했을 것이다. 이로써 인생의 풍파 속에서 고통을 고루 맛보았다는 것을 알 수 있다. 홍자성이 말하기를 "하늘이 내 몸을 수고롭게 한다면 나는 내 정신을 즐겁게 하여 보완하리라. 하늘이 나를 곤경에 빠뜨린다면, 나는 내 도道를 높게 하여 뚫고 나가리라"고 했다. 그 자신이 신중하게 경계하고 스스로 애써 노력했다는 점도 엿보인다. 그리하여 비록 몇 마디 말로는 부족하지만 내가 서문을 써서 이 책을 세상 사람들에게 알리고 나물 뿌리菜根 속에 인생의 참다운 맛이 깃들어 있음을 알리고자 한다.

삼봉주인三峰主人 우공겸于孔兼 쓰다.

채근담 해제

동양의 탈무드 혹은 동양의 팡세라고 불리는 《채근담》에는 유교 사상을 중심으로 불가佛家와 도가道家의 심오한 진리와 사상 등이 내포되어 있다. 따라서 《채근담》을 인생 철학서이자, 수상집隨想集, 처세서, 사람살이의 철학을 담은 동양 고전의 백미라고 일컫는다. 또한 인생의 교훈과 처세를 전하는 책으로 '동양적 인간학'이라고 할 수 있다. 《채근담》은 전집과 후집으로 나뉜다. 전집 225수는 벼슬한 다음에 사람들과 사귀고 직무를 처리하며 임기응변하는 자세를 말하며, 후집 134수는 은퇴 후에 산림에 묻혀 한가롭게 지내는 즐거움을 말한다. 총 359수이지만, 글이 아주 짧고 간결한 미문이다.

'채근菜根'은 송나라 학자 왕신민汪信民이 말한 "사람이 언제나 나물 뿌리를 씹을 수 있다면 모든 일을 이루게 될 것이다人常能咬菜根卽百事可成"에서 따온 것이다. 나물 뿌리처럼 변변치 않거나 거친 음식을 먹고도 잘 지낼 수 있다면 세상에 이루지 못할 일이 없다는 뜻이다. 또 청나라 건륭

제 때의 《채근담》 서문에는 "나물의 맛은 뿌리에서 나오므로 나물을 기르는 사람은 뿌리를 잘 길러야 깊은 맛을 살릴 수 있다. 이 책에서 세간世間의 맛은 곧 출세간出世間의 맛과 같다고 했는데, 이것도 뿌리를 잘 기른다는 말과 같은 뜻이 아니겠는가"라고 했다.

《채근담》의 판본은 크게 두 가지가 있다. 명나라 신종神宗 만력연간萬曆年間(1573~1620년)에 지은 홍자성洪自誠의 《채근담》과 청나라 건륭연간乾隆年間(1736~1795년)에 홍응명洪應明이 지은 《채근담》이 있다. 그런데 이 판본들은 구성 방식이나 문장 표현에서 차이가 있다. 홍자성의 《채근담》은 전집과 후집으로 크게 나누고, 대구 형식의 359개 짤막한 글로 구성되었다. 홍응명이 지은 《채근담》은 수성修省, 응수應酬, 평의評議, 한적閑適, 개론槪論 등 다섯 부분으로 나뉜다. 또한 문장의 분량도 홍자성의 《채근담》보다 많다. 현재 이 판본에 대해 논란은 있지만, 명대에 간행된 판본이 정본이고 후자는 나중에 명대에 간행된 판본에 글을 더해 편찬한 것으로 보는 것이 통설이다.

그렇다면 홍자성과 홍응명은 어떤 관계였을까?《선불기종仙佛奇踪》이라는 문헌의 '사고전서총목제요四庫全書總目提要'의 해제에 "홍응명은 자가 자성自誠이고, 호는 환초도인還初道人이다. 자세한 행적은 알 수 없다"고 한 것으로 미루어 홍자성과 홍응명을 동일 인물로 보기도 한다. 반면 서로 사제 관계라고 하기도 하고, 먼저 홍자성이《채근담》을 집필한 후에 홍응명이 가필했다고 주장하기도 한다. 만해 한용운은 홍응명의 자가 '자성'이라고 하여 그 둘을 동일 인물로 보았다. 반면 조지훈은 홍응명본에는 우공겸于孔兼의 서문이 없을 뿐만 아니라 관련이 없는 말은 일부러 빼버렸다며, 홍자성본과 홍응명본을 달리 보았다.

명나라 14대 황제인 신종이 어린 나이에 즉위한 1573년은 태조 주원장朱元璋이 원元 왕조를 무너뜨리고 한족의 손으로 중국 본토를 수복한 지 200여 년이 지난 해였다. 이때 중국은 군주 독제체제가 완성되었으며, 안으로 나라의 기

틀을 잡아가고 있었지만, 밖으로는 북방의 몽골족과 일본의 침략이 그치지 않았다. 명나라는 백성들에게 막대한 국방비를 떠넘겼으며, 1592년에 일본의 도요토미 히데요시의 조선 침략으로 임진왜란에 출병하기도 해서 재정이 바닥을 드러냈다. 따라서 탐관오리의 횡포로 백성들의 원성은 날로 높아지고 있었다.

홍자성에 대한 기록은 전해지지 않지만, 명나라 말기의 사람으로 평생 과거시험에서 낙방만 했을 정도로 입신출세와는 거리가 멀었고 오직 공부만 했을 것으로 추측된다. 그는 청렴한 생활을 하며 인격 수양을 게을리하지 않았으며, 인생에서 온갖 고생을 체험하면서 우러난 주옥 같은 명언을 《채근담》에 담아냈다. 홍자성은 스스로 환초도인還初道人이라고 불렀다.

홍자성은 《채근담》을 통해 인생의 지혜를 깨닫고, 부귀영화를 좇지 말며, 천지의 무한한 도道를 따르라고 강조했다. 다만 물질과 명예를 맹목적으로 부정하지는 않았다. 이는 그의 경험에서 나온 참된 생활 철학이며, 시대를 뛰어넘어 많은 사람들에게 공감을 불러일으키는 이유이기도

하다. 그러므로 부귀한 사람에게는 경계하게 하고, 가난한 사람에게는 기쁨을 주며, 성공한 사람에게는 충고를 주고, 실의에 빠진 사람에게는 희망을 주어 많은 사람들의 인격 수양에 보탬이 되게 한다.

한편 《채근담》의 서문을 쓴 우공겸은 명나라 만력 8년(1580)에 급제한 후 여러 관직을 거치다가 탐관오리들의 실정을 논하는 상소를 올려 신종의 미움을 사고 관직에서 쫓겨났다. 그 후 20여 년 동안 은거하며 생을 마감했다. 그의 서문에 "어느 날 내 벗인 홍자성이 《채근담》을 가져와 보여주며, 서문을 써달라고 부탁했다"는 구절이 있는데, 이를 보면 홍자성은 우공겸의 친구이며 《채근담》이 만력 연간에 집필됐다는 사실을 알 수 있다.

차 례

제1부

菜根譚

재물을 탐하는 마음에서 벗어나 진리를 보라

••

도덕을 지키는 자는 한때 고요하고 쓸쓸하지만, 권력과
세력에 아부하는 자는 항상 처량하다. 달인은 재물을 탐
하는 마음에서 벗어나 진리를 보고 죽은 후에 이름이 널
리 알려질 것을 생각한다. 차라리 한때 쓸쓸할지언정 영
원히 처량해지지는 마라.

•••

棲守道德者 寂寞一時 依阿權勢者 凄凉萬古 達人 觀物
서수도덕자 적막일시 의아권세자 처량만고 달인 관물

外之物 思身後之身 寧受一時之寂寞 毋取萬古之凄凉
외지물 사신후지신 영수일시지적막 무취만고지처량

棲(살 서), 寂(고요할 적), 寞(쓸쓸할 막), 凄(쓸쓸할 처), 凉(슬퍼하다 량)

14

능란함보다는 순박함이 낫다

••

세상살이에 부딪힘이 적으면 더러움에 물드는 것도 적을 것이고, 세상살이에 경험이 많으면 남을 속이는 재주 또한 많아질 것이다. 따라서 군자는 세상을 살아가는 데 능란한 것보다는 순박하고 꾸밈 없는 것이 낫고, 지나치게 예의 바르고 겸손한 것보다는 소탈한 것이 낫다.

•••

涉世淺 點染亦淺 歷事深 機械亦深 故 君子 與其練達
섭세천 점염역천 역사심 기계역심 고 군자 여기련달

不若朴魯 與其曲謹 不若疎狂
불약박로 여기곡근 불약소광

涉(건널 섭), 淺(얕을 천), 機(기교 기), 械(형틀 계), 練(익힐 련), 魯(노둔할 로), 疎
(트일 소)

군자의 마음은
태양처럼 밝아야 한다

군자의 마음은 하늘처럼 푸르고 태양처럼 밝아서 누구나 알게 될 것이다. 그러나 군자의 재능은 바위 속 깊이 감춰진 보석과 같고 바다 깊이 잠긴 듯해서 남이 쉽게 알지 못할 것이다.

君子之心事　天青日白　不可使人不知　君子之才華　玉韞
군 자 지 심 사　천 청 일 백　불 가 사 인 부 지　군 자 지 재 화　옥 온

珠藏　不可使人易知
주 장　불 가 사 인 이 지

華(꽃 화), 韞(감출 온), 藏(감출 장)

권세나 부귀를 가까이 해도
물들지 않는 자가 깨끗하다

• •

권세나 부귀를 가까이 하지 않는 이는 깨끗하고, 그것을
가까이 해도 물들지 않는 이는 더욱 깨끗하다. 잔재주와
교활을 모르는 이는 고상하지만, 그것을 알고도 쓰지 않
는 이는 더욱 고상하다.

• • •

勢利紛華 不近者爲潔 近之而不染者 爲尤潔 智械機巧
세 리 분 화   불 근 자 위 결   근 지 이 불 염 자   위 우 결   지 계 기 교

不知者爲高 知之而不用者 爲尤高
부 지 자 위 고   지 지 이 불 용 자   위 우 고

勢(기세 세), 潔(깨끗할 결), 尤(더욱 우)

충직하고 바른 말은
덕행을 닦는 숫돌이다

••

항상 귀에 거슬리는 말을 듣고 마음속에 거슬리는 일이 있다면, 이는 곧 덕을 쌓고 행실을 닦는 숫돌이 된다. 만약 모든 말이 듣기에 좋고 하는 일마다 마음을 즐겁게 한다면, 이는 곧 목숨을 짐새(광둥성에 사는 독이 있는 새로 그 깃을 담근 술을 마시면 죽게 된다)의 독 속에 처넣는 것과 같다.

•••

耳中　常聞逆耳之言　心中　常有拂心之事　纔是進德修行
이중　상문역이지언　심중　상유불심지사　재시진덕수행

的砥石　若言言悅耳　事事快心　便把此生　埋在鴆毒中矣
적지석　약언언열이　사사쾌심　변파차생　매재짐독중의

拂(어길 불), 纔(비로소 재), 砥(숫돌 지), 把(잡을 파), 毒(독 독)

18

덕이 높은 사람은 평범하다

좋은 술과 기름진 고기의 맵거나 단 것은 참맛이 아니다.
참맛이란 그 맛이 담백할 뿐이다. 덕이 높은 사람은 신기
하거나 특이하지 않으며, 다만 평범할 뿐이다.

醴肥辛甘　非眞味　眞味　只是淡　神奇卓異　非至人　至人
예비신감　비진미　진미　지시담　신기탁이　비지인　지인

只是常
지시상

醴(단술 예), 肥(살찔 비), 卓(높을 탁)

늘 기쁜 마음을 지닌다

비바람이 세차게 몰아치면 새들도 근심하며 슬퍼하고, 날씨가 맑게 개고 바람이 잦으면 초목도 즐거운 듯 싱그럽다. 천지에는 하루도 따스함과 화창함이 없어서는 안 되고, 사람의 마음에는 하루도 기쁨이 없어서는 안 된다.

疾風怒雨 禽鳥 戚戚 霽日光風 草木 欣欣 可見天地 不
질 풍 노 우 금 조 척 척 제 일 광 풍 초 목 흔 흔 가 견 천 지 불

可一日無和氣 人心 不可一日無喜神
가 일 일 무 화 기 인 심 불 가 일 일 무 희 신

疾(빠를 질), 怒(성낼 노), 禽(날짐승 금), 霽(비 갤 제), 欣(기뻐할 흔)

바쁠 때 여유를 즐긴다

●●

천지는 고요하여 움직이지 않는 듯하지만 그 안에서는 잠시도 쉬지 않고 움직인다. 해와 달은 밤낮으로 바쁘게 움직이지만 그 밝음은 영원히 변하지 않는다. 그러므로 군자는 한가한 때에 긴장하는 마음가짐이 필요하며, 바쁜 때에 여유를 즐기는 멋을 지녀야 한다.

●●●

天地 寂然不動 而氣機 無息少停 日月 晝夜奔馳 而貞
천지 적연부동 이기기 무식소정 일월 주야분치 이정

明 萬古不易 故 君子 閒時 要有喫緊的心事 忙處 要有
명 만고불역 고 군자 한시 요유끽긴적심사 망처 요유

悠閒的趣味
유한적취미

機(틀 기), 奔(달릴 분), 馳(달릴 치), 喫(먹을 끽), 緊(팽팽하다 긴), 悠(한가할 유),
趣(풍취 취)

깊은 밤에 마음을 살펴라

인적이 드문 깊은 밤에 홀로 앉아 제 마음을 살피노라면 비로소 혼란한 마음이 사라지고 참마음만이 남으니 이 가운데서 번번이 큰 즐거움을 얻을 것이다. 그러나 참마음을 만나고도 혼란한 생각에서 벗어날 수 없다는 마음에 사로잡힌다면 이 가운데서 큰 부끄러움을 얻게 될 것이다.

夜深人靜 獨坐觀心 始覺妄窮而眞獨露 每於此中 得大
야 심 인 정   독 좌 관 심   시 각 망 궁 이 진 독 로   매 어 차 중   득 대

機趣 旣覺眞現而妄難逃 又於此中 得大慚忸
기 취   기 각 진 현 이 망 난 도   우 어 차 중   득 대 참 뉵

靜(고요할 정), 慚(부끄러울 참), 忸(부끄러울 뉵)

23

비 온 뒤에 땅이 굳는다

‥

예부터 지극한 사랑을 받을 때 재앙이 싹튼다고 했으니,
모름지기 일이 뜻대로 이루어진 때에 빨리 머리를 돌려
라. 실패한 뒤에도 성공을 이룰 수 있으니 마음대로 되지
않는다고 즉시 손을 빼지는 마라.

…

恩裡 由來生害 故 快意時 須早回頭 敗後 或反成功 故
은 리　유 래 생 해　고　쾌 의 시　수 조 회 두　패 후　혹 반 성 공　고

拂心處 莫便放手
불 심 처　막 변 방 수

須(모름지기 수), 或(혹은 혹)

욕심 없고 깨끗한 마음을 가질 때 뜻이 분명해진다

· ·

명아주와 비름으로 배를 채우는 자는 얼음처럼 맑고 옥처럼 깨끗한 사람이 많으며, 오히려 비단옷 입고 쌀밥 먹는 사람일수록 종노릇도 달게 여긴다. 뜻은 욕심 없고 깨끗한 마음을 가질 때 분명해지고, 절개는 기름지고 달콤한 맛을 탐할 때 잃게 된다.

· · ·

藜口莧腸者　多氷淸玉潔　袞衣玉食者　甘婢膝奴顔　蓋志
여 구 현 장 자　다 빙 청 옥 결　곤 의 옥 식 자　감 비 슬 노 안　개 지

以澹泊明　而節從肥甘喪也
이 담 박 명　이 절 종 비 감 상 야

양보하는 마음이
즐겁게 사는 방법이다

● ●

좁은 길에서는 한 걸음 양보하여 남이 먼저 지나게 하고,
맛있는 음식은 다른 사람에게 나누어 함께 즐기게 하라.
이것이 세상을 편하고 즐겁게 살아가는 방법이다.

● ● ●

徑路窄處 留一步 與人行 滋味濃的 減三分 讓人嗜 此
경 로 착 처　유 일 보　여 인 행　자 미 농 적　감 삼 분　양 인 기　차

是涉世 一極安樂法
시 섭 세　일 극 안 락 법

窄(좁을 착), 滋(맛있는 음식 자), 濃(짙을 농), 讓(양보할 양)

성인은 재물을 탐하지 않는다

사람이 매우 뛰어나고 원대한 일은 하지 못할지라도 세속적인 생각에서 벗어날 수 있다면 이내 명인의 대열에 들게 된다. 학문의 큰 성취는 이루지 못하더라도 세상의 온갖 재물을 탐하는 마음에서 벗어날 수 있다면 이내 성인의 경지를 넘을 것이다.

作人 無甚高遠事業 擺脫得俗情 便入名流 爲學 無甚增
작인　무심고원사업　파탈득속정　변입명류　위학　무심증

益工夫 減除得物累 便超聖境
익공부　감제득물루　변초성경

甚(심할 심), 擺(털을 파), 增(더할 증), 減(덜 감), 超(넘을 초), 境(지경 경)

순수한 마음을 지녀야 한다

··

친구를 사귈 때는 모름지기 나누며 희생하는 마음을 지녀
야 하고, 됨됨이가 올바른 사람이 되기 위해서는 순수한
마음을 지녀야 한다.

•••

交友 須帶三分俠氣 作人 要存一點素心
교우 수대삼분협기 작인 요존일점소심

帶(두를 대), 素(흴 소)

29

이익을 위해 남의 앞에 서지 마라

••

은혜나 이름을 널리 알리는 일과 이익을 위한 일에서는 남의 앞에 서지 말고, 덕을 쌓고 어진 일에는 남보다 뒤지지 말아야 한다. 남에게 받아서 누릴 때는 분수를 넘지 말아야 하고, 스스로 닦아서 행할 때는 능력을 줄이지 말아야 한다.

•••

寵利 毋居人前 德業 毋落人後 受享 毋踰分外 修爲 毋
총리　무거인전　덕업　무락인후　수향　무유분외　수위　무

減分中
감 분 중

寵(은혜 총), 踰(넘을 유)

명예는 나누고 덕은 쌓아야 한다

완전한 명예와 아름다운 절개는 혼자만의 것이 아니니 남에게 나누어야 해를 피하고 몸을 보전할 수 있다. 부끄러운 행실과 더러운 명예는 절대 남에게 미루지 말고 작은 허물도 자신에게 돌려야 빛과 덕을 쌓을 수 있다.

完名美節 不宜獨任 分些與人 可以遠害全身 辱行汚名
완 명 미 절   불 의 독 임   분 사 여 인   가 이 원 해 전 신   욕 행 오 명

不宜全推 引些歸己 可以韜光養德
불 의 전 추   인 사 귀 기   가 이 도 광 양 덕

些(적을 사), 辱(수치 욕), 汚(더러울 오), 推(옮을 추), 韜(감출 도)

물러서는 것은 나아가는 것의 근본이다

••

세상을 살아가는 데 한 걸음 양보하는 것은 자기 자신을 높이는 것이니, 즉 한 걸음 물러서는 것이 앞으로 나아가는 것의 근본이다. 남을 대하는 데 작은 너그러움은 복이 되니, 남을 이롭게 하는 것이 바로 자신을 이롭게 하는 바탕이다.

•••

處世 讓一步 爲高 退步 卽進步的張本 待人 寬一分 是
처세 양일보 위고 퇴보 즉진보적장본 대인 관일분 시

福 利人 實利己的根基
복 이인 실리기적근기

卽(곧 즉), 寬(너그러울 관)

풍요는 근심을 부른다

••

무슨 일이든 여분을 조금 남겨 뜻을 다 이루지 못한다면
조물주도 시기하지 않을 것이고 귀신도 해치지 못할 것이
다. 만약 일에서 반드시 완벽함과 욕구가 충만하기를 원한
다면 안에서 소란이 일거나 밖에서 근심을 부를 것이다.

•••

事事　留個有餘　不盡的意思　便造物　不能忌我　鬼神　不
사사　유개유여　부진적의사　변조물　불능기아　귀신　불

能損我　若業必求滿　功必求盈者　不生內變　必召外憂
능손아　약업필구만　공필구영자　불생내변　필소외우

忌(질투할 기), 損(덜 손), 盈(찰 영), 憂(근심 우)

34

가정에 참부처가 있다

가정에 참부처가 있으며 일상에 참된 도가 있다. 사람이 성실한 마음과 화평한 기운을 지니고 밝은 얼굴과 부드러운 말씨로 부모 형제와 서로 화합하고 한몸처럼 뜻이 통하게 된다면, 이것이 바르게 참선하는 것보다 만 배는 나을 것이다.

家庭 有個眞佛 日用 有種眞道 人能誠心和氣 愉色婉言
가정 유개진불 일용 유종진도 인능성심화기 유색완언

使父母兄弟間 形骸兩釋 意氣交流 勝於調息觀心萬倍矣
사부모형제간 형해양석 의기교류 승어조식관심만배의

庭(집 안 정), 誠(정성 성), 愉(즐거울 유), 婉(순할 완), 骸(뼈 해), 調(고를 조)

고요한 가운데 힘찬 움직임이 있어야 한다

••

움직임을 좋아하는 자는 구름 속의 번개 같고 바람 앞의 등불 같으나, 고요함을 즐기는 자는 식은 재와 같고 마른 나무와 같다. 모름지기 고요한 구름 위에 소리개가 날고, 잔잔한 물 위에 물고기가 뛰는 것과 같은 기상이 있어야 도를 얻은 자의 심신이라 할 수 있다.

•••

好動者 雲電風燈 嗜寂者 死灰槁木 須定雲止水中 有鳶
호동자 운전풍등　기적자 사회고목　수정운지수중　유연

飛魚躍氣象 纔是有道的心體
비 어 약 기 상　재 시 유 도 적 심 체

嗜(즐길 기), 灰(재 회), 槁(마를 고), 躍(뛸 약)

남을 엄하게 책망하지 마라

• •

남의 허물을 책망할 때는 너무 엄하게 하지 말고 상대가
그 말을 감당할 수 있는지를 생각해야 한다. 남에게 선을
가르칠 때는 지나치게 고상하지 말아야 하고 상대가 따를
수 있게 해야 한다.

• • •

攻人之惡 毋太嚴 要思其堪受 敎人以善 毋過高 當使其
공 인 지 악　무 태 엄　요 사 기 감 수　교 인 이 선　무 과 고　당 사 기

可從
가　종

攻(책망할 공), 嚴(엄할 엄), 堪(견딜 감)

밝음은 어둠에서 생긴다

∙∙

굼벵이는 매우 더럽지만 매미가 되어서 가을바람에 이슬을 마시고, 썩은 풀은 빛이 없지만 반딧불이 되어서 여름밤에 빛을 낸다. 진정한 깨끗함은 더러움에서 나오고 밝음은 어둠에서 생긴다.

∙∙∙

糞蟲 至穢 變爲蟬 而飮露於秋風 腐草 無光 化爲螢 而
분충 지예 변위선 이음로어추풍 부초 무광 화위형 이

耀采於夏月 固知潔常自汚出 明每從晦生也
요채어하월 고지결상자오출 명매종회생야

糞(똥 분), 蟲(벌레 충), 蟬(매미 선), 腐(썩을 부), 螢(개똥벌레 형), 耀(빛날 요)

일을 시작하기 전에 어리석음을 알라

● ●

배부른 뒤에 음식을 생각하면 맛이 있고 없음을 판단할
수 없고, 정사를 나눈 후에 음란한 것을 생각하면 남녀에
대한 생각조차도 모두 사라진다. 그러므로 사람이 항상
일이 끝난 후에 잘못을 뉘우치고 깨달아 일을 시작하기
전에 미리 그 어리석음을 알면 성품이 바로잡혀 행동에
그릇됨이 없다.

● ● ●

飽後 思味 則濃淡之境 都消 色後 思婬 則男女之見 盡
포 후　사 미　즉농담지경　도소　색후　사음　즉남녀지견　진

絶 故 人常以事後之悔悟 破臨事之癡迷 則性定而動無
절　고　인상이사후지회오　파림사지치미　즉성정이동무

不正
부정

飽(싫증날 포), 消(사라질 소), 婬(음탕할 음), 臨(임할 림), 癡(어리석을 치)

남에게 베풀되 대가를 바라지 않는다

••

세상을 살면서 반드시 공을 세우려 하지 마라. 허물이 없
으면 그것이 곧 공이다. 남에게 베풀되 그 은덕을 고맙게
여기기를 바라지 마라. 원망이 없는 것이 곧 은덕이다.

•••

處世 不必邀功 無過 便是功 與人 不求感德 無怨 便是
처세　불필료공　무과　변시공　여인　불구감덕　무원　변시

德
덕

邀(구할 료), 功(공로 공), 感(고마울 감), 怨(원망할 원)

지나치게 맑으면 이롭지 못하다

··

세심하고 근면한 것은 아름다운 덕행이지만 그것이 지나치면 자신의 마음을 즐겁게 할 수 없다. 욕심 없이 맑은 것은 높은 기풍이지만 너무 맑으면 사람을 돕거나 사물을 이롭게 할 수 없다.

···

憂勤 是美德 太苦則無以適性怡情 澹泊 是高風 太枯則
우 근　시 미 덕　태 고 즉 무 이 적 성 이 정　담 박　시 고 풍　태 고 즉

無以濟人利物
무 이 제 인 리 물

適(도달할 적), 濟(도울 제)

처음의 마음을 잊지 말아야 한다

일의 형편이 곤궁하고 불리해서 잘 풀리지 않는 사람은
처음의 마음을 돌아보아야 하고, 성공을 이루어 만족한
사람은 끝을 살펴야 한다.

事窮勢蹙之人　當原其初心　功成行滿之士　要觀其末路
사 궁 세 축 지 인　당 원 기 초 심　공 성 행 만 지 사　요 관 기 말 로

蹙(움츠릴 축), 要(구할 요)

재능은 덮고 감출 때 더욱 빛이 난다

••

부귀한 집은 관대하고 후덕해야 하나 오히려 인정 없고 삭막하다면, 이것은 가난하고 천한 자의 행실이니 어찌 그것을 오래 누릴 수 있겠는가. 총명한 사람은 재능을 덮고 감추어야 하나 오히려 드러내서 빛낸다면, 이것은 어리석은 것이니 어찌 성공할 수 있겠는가.

•••

富貴家 宜寬厚 而反忌刻 是 富貴而貧賤其行矣 如何能
부귀가 의관후 이반기각 시 부귀이빈천기행의 여하능

享 聰明人 宜斂藏 而反炫耀 是 聰明而愚懵其病矣 如
향 총명인 의렴장 이반현요 시 총명이우몽기병의 여

何不敗
하불패

宜(마땅할 의), 聰(총명할 총), 斂(숨을 렴), 懵(어리석을 몽)

낮은 곳에 거처한 뒤에야
높은 곳의 위태로움을 안다

낮은 곳에 거처한 뒤에야 높은 곳에 오르는 것의 위태로움을 알게 되고, 어두운 곳에 있은 뒤에야 밝은 곳을 향함이 지나치게 드러난다는 것을 알게 된다. 고요함을 지켜본 후에야 바삐 움직이는 것을 좋아하는 것이 헛수고라는 것을 알게 되고, 침묵을 지켜본 후에야 말 많은 것이 시끄러운 줄 알게 된다.

居卑而後　知登高之爲危　處晦而後　知向明之太露　守靜
거 비 이 후　지 등 고 지 위 위　처 회 이 후　지 향 명 지 태 로　수 정

而後　知好動之過勞　養默而後　知多言之爲躁
이 후　지 호 동 지 과 로　양 묵 이 후　지 다 언 지 위 조

危(위태할 위), 養(기를 양), 默(묵묵할 묵), 躁(시끄러울 조)

부자가 되려는 마음을 버려라

공을 세워 이름을 널리 알리거나 부자가 되려는 마음을 버려야 속된 것에서 벗어날 수 있고, 도덕의 규범과 어질고 의로운 마음에서 벗어나야 비로소 성인의 경지에 오를 수 있다.

放得功名富貴之心下 便可脫凡 放得道德仁義之心下 纔
방 득 공 명 부 귀 지 심 하　변 가 탈 범　방 득 도 덕 인 의 지 심 하　재

可入聖
가 입 성

放(추방할 방), 凡(이 세상 범)

독선이 마음을 해치는 도적이다

··

이익을 탐하는 것이 마음을 해치는 것이 아니라 자기만이
옳다고 여기는 생각이 바로 마음을 해치는 도적이다. 여
색을 밝히는 것이 반드시 도를 막는 것이 아니라 오히려
영리함이 도를 막는 장애물이다.

···

利欲 未盡害心 意見 乃害心之蟊賊 聲色 未必障道 聰
이욕 미진해심 의견 내해심지모적 성색 미필장도 총

明 乃障道之藩屏
명 내장도지번병

乃(이에 내), 蟊(해충 모), 賊(도둑 적), 聲(소리 성), 障(가로막을 장), 藩(덮을 번),
屏(가릴 병)

제2부

菜根譚

세상의 길은 험하고 험하다

••

사람의 정은 돌고 돌며, 세상의 길은 험하고 험하다. 쉽게
갈 수 없는 곳에서는 한 걸음 뒤로 물러서는 법을 알아야
하고, 쉽게 갈 수 있는 곳이라도 조금 양보하는 공덕을 쌓
는 데 힘써야 한다.

•••

人情 反復 世路 崎嶇 行不去處 須知退一步之法 行得
인정 반복 세로 기구 행불거처 수지퇴일보지법 행득

去處 務加讓三分之功
거처 무가양삼분지공

崎(험할 기), 嶇(험할 구), 務(힘쓸 무)

미워하지 않기가 어렵다

··

도량이 좁고 간사한 소인을 대하는 데 엄하기는 어렵지 않으나 미워하지 않기는 어렵다. 어질며 덕과 학식이 높은 군자를 대하는 데 공손하기는 어렵지 않으나 바른 예를 갖추는 것은 어렵다.

···

待小人 不難於嚴 而難於不惡 待君子 不難於恭 而難於
대 소 인 불 난 어 엄 이 난 어 불 오 대 군 자 불 난 어 공 이 난 어

有禮
유 례

難(어려울 난), 恭(공손할 공)

마음을 다스리면 모든 것을 다스릴 수 있다

••

마귀를 항복시키려면 먼저 자기 마음부터 항복시켜라. 마음이 굴복하면 모든 마귀가 물러날 것이다. 난폭한 마음을 잘 다루려면 먼저 마음속의 객기부터 다루어 진정시켜야 한다. 객기가 평온하게 진정되면 외부의 난폭한 마음이 침입하지 못할 것이다.

•••

降魔者 先降自心 心伏則群魔退聽 馭橫者 先馭此氣
항 마 자 선 항 자 심   심 복 즉 군 마 퇴 청   어 횡 자 선 어 차 기

氣平則外橫不侵
기 평 즉 외 횡 불 침

降(항복할 항), 魔(마귀 마), 聽(들을 청), 馭(말 부릴 어), 橫(가로지를 횡), 侵(습격할 침)

부정한 씨를 뿌리면
좋은 곡식을 얻을 수 없다

..

제자를 가르치는 것은 집안의 여자아이를 키우듯이 하여 출입을 엄격하게 하고, 친구 사귀는 것을 신중히 단속해야 한다. 만일 한 번 좋지 않은 사람과 사귀면 이는 기름진 밭에 부정한 씨를 뿌리는 것과 같으니 평생 좋은 곡식을 얻기 어렵다.

...

敎弟子 如養閨女 最要嚴出入 謹交遊 若一接近匪人 是
교제자 여양규녀 최요엄출입 근교유 약일접근비인 시

淸淨田中 下一不淨種子 便終身難植嘉禾矣
청정전중 하일부정종자 변종신난식가화의

閨(규방 규), 接(사귈 접), 匪(아닐 비), 淨(깨끗할 정), 嘉(뛰어날 가)

한쪽으로 치우치지 말아야 한다

● ●

마음이 너그럽고 후한 사람은 자신뿐만 아니라 다른 사람에게도 후하며 어느 곳이나 모두 후하다. 마음이 너그럽지 못하고 쌀쌀한 사람은 자신뿐만 아니라 다른 사람에게도 너그럽지 못하며 어떤 일에도 냉담하다. 그러므로 군자는 평소 즐기고 좋아하는 것이 너무 뚜렷해도 안 되며너무 메마르고 확실하지 않아도 안 된다.

● ● ●

念頭濃者 自待厚 待人亦厚 處處皆濃 念頭淡者 自待薄
염두농자　자대후　대인역후　처처개농　염두담자　자대박

待人亦薄 事事皆淡 故 君子 居常嗜好 不可太濃艶 亦
대인역박　사사개담　고　군자　거상기호　불가태농염　역

不宜太枯寂
불의태고적

皆(모두 개), 淡(묽을 담), 薄(엷을 박), 嗜(좋아할 기)

54

뜻은 남보다 높게 하고 몸은 남보다 낮춰야 한다

··

뜻을 남보다 높게 세우지 않으면, 먼지 속에서 옷을 털고
진흙 속에서 발을 씻는 것과 같으니 남보다 뛰어날 수가
없다. 세상을 살아가면서 남보다 자신을 낮추지 않으면,
마치 불나방이 촛불에 뛰어들거나 숫양이 울타리를 들이
받는 것과 같으니 안락함을 바랄 수 없다.

···

立身 不高一步立 如塵裡 振衣 泥中 濯足 如何超達 處
입신 불고일보립 여진리 진의 이중 탁족 여하초달 처

世 不退一步處 如飛蛾投燭 羝羊觸藩 如何安樂
세 불퇴일보처 여비아투촉 저양촉번 여하안락

塵(티끌 진), 振(떨칠 진), 濯(씻을 탁), 蛾(나방 아), 羝(숫양 저), 觸(부딪칠 촉), 藩
(바자울타리 번)

진실한 마음은 하늘도 이긴다

••

상대가 부를 내세우면 나는 어진 성품을 내세우고, 상대가 지위와 벼슬을 내세우면 나는 정의를 내세워라. 군자는 본래 군주나 재상에게 농락당하지 않는다. 사람의 마음이 바로잡히고 굳으면 하늘도 이길 수 있으니 뜻을 하나로 모으면 기질도 바꿀 수 있다. 또한 군자는 조물주의 틀 속에 갇히지 않는다.

•••

彼富 我仁 彼爵 我義 君子 固不爲君相所牢籠 人定 勝
피부 아인 피작 아의 군자 고불위군상소뇌롱 인정 승

天 志一 動氣 君子 亦不受造物之陶鑄
천 지일 동기 군자 역불수조물지도주

爵(벼슬 작), 牢(둘러싸일 뇌), 籠(대그릇 롱), 陶(질그릇 도), 鑄(쇠 부어 만들 주)

세상에 이름을 드러내는 데 뜻을 둔다면 성인이 될 수 없다

● ●

배우는 자는 정신을 가다듬어 뜻을 한 곳으로 모아야 한
다. 만약 덕을 쌓으면서 성공과 명예에 뜻을 둔다면 결코
참된 지식을 얻지 못하고 높은 경지에 이르지 못할 것이
다. 또한 글을 읽으면서 읊조리는 재미나 풍류에만 흥을
둔다면 결코 깊은 마음에 이르지 못할 것이다.

● ● ●

學者 要收拾精神 併歸一路 如修德而留意於事功名譽
학자 요수습정신 병귀일로 여수덕이류의어사공명예

必無實詣 讀書而寄興於吟咏風雅 定不深心
필무실예 독서이기흥어음영풍아 정불심심

拾(주울 습), 併(아우를 병), 譽(기릴 예), 詣(이를 예), 寄(맡길 기)

58

욕심에 사로잡히면
가까운 거리도 천 리처럼 멀다

• •

사람마다 큰 자비가 있으니 부처와 백정이나 망나니의 마음이 다르지 않다. 곳곳마다 참멋이 있으니 호화로운 집이나 초라한 집이나 그것이 있는 땅은 같다. 다만 욕심에 가려지고 정에 휘둘려 바로 눈앞의 잘못도 천 리처럼 멀게 한다.

• • •

人人 有個大慈悲 維摩屠劊 無二心也 處處 有種眞趣味
인인　유개대 자비　유마도 회　무이심야　처처　유종진취미

金屋茅簷 非兩地也 只是欲蔽情封 當面錯過 使咫尺千
금옥모 첨　비량지야　지시욕폐정봉　당면착과　사지척천

里矣
리 의

慈(사랑할 자), 維(밧줄 유), 摩(문지를 마), 屠(짐승 잡을 도), 簷(처마 첨), 蔽(가릴
폐), 封(봉할 봉), 錯(섞일 착), 咫(길이 지)

탐욕에 집착하지 마라

도를 닦고 덕을 쌓기 위해서는 나무나 돌처럼 흔들림 없는 마음을 가져야 하니, 만일 한 번 부러워하는 마음이 생기면 이내 탐욕의 구렁텅이로 떨어지게 된다. 세상을 구하고 나라를 다스리기 위해서는 떠가는 구름이나 흐르는 물처럼 욕심 없고 미련 없는 멋을 지녀야 하니, 만일 한 번 탐욕에 집착하면 위기를 맞게 될 것이다.

進德修道 要個木石的念頭 若一有欣羨 便趨欲境 濟世
진 덕 수 도 요 개 목 석 적 염 두 약 일 유 흔 선 변 추 욕 경 제 세

經邦 要段雲水的趣味 若一有貪著 便墮危機
경 방 요 단 운 수 적 취 미 약 일 유 탐 착 변 타 위 기

要(바랄 요), 羨(부러워할 선), 趨(달릴 추), 邦(나라 방), 段(조각 단), 墮(떨어질 타)

어두운 곳에서도 죄를 짓지 말아야 한다

간이 병들면 눈이 보이지 않고 신장이 병들면 귀가 들리지 않으니, 병은 사람이 보지 못하는 데서 생겨 모든 사람이 보는 곳에 나타난다. 그러므로 모든 사람이 보는 밝은 곳에서 죄를 짓지 않으려면 먼저 사람이 보지 못하는 어두운 곳에서 죄를 짓지 말아야 한다.

肝受病則目不能視 　腎受病則耳不能聽 　病受於人所不見
간 수 병 즉 목 불 능 시 　신 수 병 즉 이 불 능 청 　병 수 어 인 소 불 견

必發於人所共見 　故 　君子 　欲無得罪於昭昭 　先無得罪於
필 발 어 인 소 공 견 　고 　군 자 　욕 무 득 죄 어 소 소 　선 무 득 죄 어

冥冥
명 명

肝(간 간), 腎(콩팥 신), 昭(밝을 소), 冥(어두울 명)

선한 사람은
잠든 얼굴에도 온화한 기색이 돈다

••

선한 사람은 하는 일이 평화롭고 너그러워서 잠든 얼굴에
도 온화한 기색이 어려 있다. 악한 사람은 행동이 이리처
럼 사납고 목소리뿐만 아니라 웃으며 하는 말에도 살벌한
기운이 있다.

•••

吉人 無論作用安詳 卽夢寐神魂 無非和氣 凶人 無論行
길인 무론작용안상 즉몽매신혼 무비화기 흉인 무론행

事狼戾 卽聲音咲語 渾是殺機
사냥려 즉성음소어 혼시살기

詳(자세할 상), 寐(잠잘 매), 戾(어그러질 려), 咲(웃음 소)

상황에 따라 적절하게 대처한다

태평한 세상에서는 마땅히 말이나 행동이 바르고 점잖아
야 하며, 어지러운 세상에서는 부드럽고 너그러워야 하
며, 쇠퇴한 세상에서는 바르고 점잖으며 부드럽고 너그러
움을 두루 갖추어야 한다. 선한 사람에게는 너그럽게 대
해야 하고, 악한 사람에게는 엄하게 대해야 하며, 평범한
사람에게는 너그러움과 엄함을 두루 아울러 대해야 한다.

處治世 宜方 處亂世 宜圓 處叔季之世 當方圓並用 待
처치세 의방 처란세 의원 처숙계지세 당방원병용 대

善人 宜寬 待惡人 宜嚴 待庸衆之人 當寬嚴互存
선인 의관 대악인 의엄 대용중지인 당관엄호존

亂(어지러울 란), 叔(젊을 숙), 庸(쓸 용), 互(서로 호)

64

베푼 은혜는 잊고
받은 은혜는 잊지 마라

● ●

내가 남에게 은혜를 베푼 것에 대해서는 생각하지 말아야
하며, 허물이 있으면 잊지 말아야 한다. 남이 나에게 은혜
를 베풀어준 것은 잊지 말아야 하고, 원한은 잊어야 한다.

● ● ●

我有功於人　不可念　而過則不可不念　人有恩於我　不可
아 유 공 어 인 　 불 가 념 　 이 과 즉 불 가 불 념 　 인 유 은 어 아 　 불 가

忘　而怨則不可不忘
망 　 이 원 즉 불 가 불 망

功(공 공), 忘(잊을 망)

65

서로 균형을 이루는 것이 세상을 사는 방법이다

••

사람이 모든 것을 갖출 수도 있고 갖추지 못할 수도 있는
데 어찌 저 혼자만 모든 것을 갖출 수 있겠는가. 내 마음
에도 순할 때가 있고 순하지 않을 때가 있는데 어찌 남이
모두 순하기를 바라겠는가. 이런 것을 서로 살펴 균형을
이루어나간다면 이 또한 세상을 살아가는 좋은 방법이 될
것이다.

•••

人之際遇　有齊有不齊　而能使己獨齊乎　己之情理　有順
인 지 제 우　유 제 유 부 제　이 능 사 기 독 제 호　기 지 정 리　유 순

有不順　而能使人皆順乎　以此相觀對治　亦是一方便法
유 불 순　이 능 사 인 개 순 호　이 차 상 관 대 치　역 시 일 방 편 법

門
문

際(사이 제), 齊(갖출 제), 能(능할 능)

맑은 마음으로 글을 읽어 옛것을 배운다

••

마음이 맑아야 글을 읽고 옛것을 배울 수 있다. 마음이 맑지 않으면 한 가지 선행을 보고 이를 훔쳐 욕심을 채우게 되며, 한 가지 좋은 말을 들으면 이것으로 단점을 덮으려 할 것이다. 이는 적에게 병기를 주고 도적에게 양식을 주는 것과 같다.

•••

心地乾淨 方可讀書學古 不然 見一善行 竊以濟私 聞一
심지건정　방가독서학고　불연　견일선행　절이제사　문일

善言 假以覆短 是又藉寇兵 而齎盜糧
선언　가이부단　시우자구병　이재도량

淨(맑을 정), 竊(훔칠 절), 假(거짓 가), 覆(덮을 부), 藉(빌 자), 糧(양식 량)

실천하는 학문을 하라

••

글을 읽어도 성인과 현인의 정신을 터득하지 못하면 책의
노예가 되고, 벼슬에 있어도 백성을 사랑하지 않으면 차
림새를 갖춘 도둑이 된다. 학문을 가르치면서도 몸소 행
하지 않으면 입으로만 선을 전하는 사람이 되고, 공적을
쌓아도 큰 덕을 생각하지 않으면 눈앞에서 피었다 지는
꽃이 되고 말 것이다.

•••

讀書 不見聖賢 爲鉛槧傭 居官 不愛子民 爲衣冠盜 講
독서 불견성현 위연참용 거관 불애자민 위의관도 강

學 不尙躬行 爲口頭禪 立業 不思種德 爲眼前花
학 불상궁행 위구두선 입업 불사종덕 위안전화

鉛(따를 연), 槧(문서 참), 傭(품팔이 용), 冠(갓 관), 盜(훔칠 도), 講(강의 강)

근본을 찾아야
참된 것을 얻는다

● ●

사람마다 마음속에 하나의 참글귀가 있으나 옛사람이 남
긴 완전하지 못한 짧은 글에 막혀버리고, 가슴속에 한 가
락의 참풍류가 있으나 요염한 춤과 노래 때문에 모두 묻
혀버린다. 배우는 자는 방해가 되는 외부의 것들을 없애
고 근본을 찾기 위해 힘쓸 때 비로소 참된 것을 얻을 수
있다.

● ● ●

人心 有一部眞文章 都被殘編斷簡封錮了 有一部眞鼓吹
인심 유일부진문장 도피잔편단간봉고료 유일부진고취

都被妖歌艶舞湮沒了 學者 須掃除外物 直覓本來 纔有
도피요가염무인몰료 학자 수소제외물 직멱본래 재유

個眞受用
개진수용

殘(무너질 잔), 斷(끊을 단), 簡(글 간), 錮(가로막을 고), 艶(고울 염), 舞(춤출 무),
湮(막힐 인), 掃(버릴 소)

70

괴로움 속에 즐거움이 깃들어 있다

••

괴로운 마음속에 항상 마음을 즐겁게 하는 멋이 깃들어 있으며, 일이 뜻대로 이루어져 만족했을 때 문득 실의의 슬픔이 생긴다.

•••

苦心中 常得悅心之趣 得意時 便生失意之悲
고 심 중 상 득 열 심 지 취 득 의 시 변 생 실 의 지 비

悅(기쁠 열), 趣(미칠 취)

부와 지위는
화병 속의 꽃과 같다

●●

부유하고 지위가 높으며 이름을 널리 알리는 것이 도덕에
서 온 것이라면, 수풀 속의 꽃과 같아 저절로 잎이 퍼져서
무성할 것이다. 공을 세워 얻은 것이라면, 화분 속의 꽃처
럼 이리저리 옮겨지고 흥함과 쇠퇴함이 있을 것이다. 권
력으로 얻은 것이라면, 화병 속의 뿌리 없는 꽃과 같아 그
시드는 것을 서서 기다릴 수밖에 없다.

●●●

富貴名譽　自道德來者　如山林中花　自是舒徐繁衍　自功
부 귀 명 예　자 도 덕 래 자　여 산 림 중 화　자 시 서 서 번 연　자 공

業來者　如盆檻中花　便有遷徙廢興　若以權力得者　如瓶
업 래 자　여 분 함 중 화　변 유 천 사 폐 흥　약 이 권 력 득 자　여 병

鉢中花　其根不植　其萎　可立而待矣
발 중 화　기 근 불 식　기 위　가 립 이 대 의

繁(많을 번), 檻(우리 함), 遷(옮길 천), 廢(폐할 폐), 萎(시들 위)

지나치게 맑으면
만물이 자랄 수 없다

••

배우는 자는 두려워하고 삼가는 마음이 있어야 하며, 또 산뜻하고 깨끗한 멋도 있어야 한다. 만약 오직 규칙만을 따르며 지나치게 맑으면 이는 가을의 쓸쓸한 기운이 있을 뿐 봄의 생기가 없는 것이니 무엇으로 만물을 자라게 할 수 있겠는가.

•••

學者 要有段兢業的心思 又要有段瀟灑的趣味 若一味斂
학자 요유단 긍업적심사 우요유단소 쇄적취미 약일미렴

束淸苦 是 有秋殺無春生 何以發育萬物
속청고 시 유추살무춘생 하이발육만물

兢(삼갈 긍), 又(또 우), 瀟(물 맑고 깊을 소), 灑(씻을 쇄), 斂(거둘 렴)

청렴은 이름이 없다

••

진실한 청렴은 청렴하다는 이름이 없으니 이름을 얻는 것
은 바로 이름을 탐하기 때문이다. 큰 재주는 교묘한 재주
를 쓰지 않으니 재주를 쓰는 것은 곧 옹졸하고 서툴기 때
문이다.

•••

眞廉 無廉名 立名者 正所以爲貪 大巧 無巧術 用術者
진렴　무렴명　입명자　정소이위탐　대교　무교술　용술자

乃所以爲拙
내 소 이 위 졸

廉(청렴할 렴), 貪(탐할 탐), 術(계략 술), 拙(서투를 졸)

쓸데없는 혈기와 용기를 버려야 한다

이름을 널리 알리는 것과 이익을 탐하는 근성을 뿌리 뽑지 못한 자는 비록 높은 벼슬을 가볍게 여기고 표주박 물을 달게 여길지라도 세속의 욕망에 물든 것이다. 쓸데없는 혈기와 용기를 아직 버리지 못한 자는 비록 온 세상에 은덕을 베풀고 후대에 이익을 줄지라도 결국은 쓸데없는 재주일 뿐이다.

名根未拔者　縱輕千乘甘一瓢　總墮塵情　客氣未融者　雖
명근미발자　종경천승감일표　총타진정　객기미융자　수

澤四海利萬世　終爲剩技
택사해리만세　종위잉기

拔(뺄 발), 融(화합할 융), 雖(비록 수), 剩(남을 잉)

76

명예와 지위가 없는 것이 가장 큰 즐거움이다

••

사람들은 명예와 높은 지위가 즐거움인 줄만 알고, 명예와 지위가 없는 즐거움이 가장 큰 즐거움인 줄은 모른다. 사람들은 굶주리고 추운 것이 근심인 줄만 알고, 굶주리지 않고 춥지 않은 근심이 더욱 큰 근심인 줄은 모른다.

•••

人知名位爲樂 不知無名無位之樂 爲最眞 人知饑寒爲憂
인 지 명 위 위 락 부 지 무 명 무 위 지 락 위 최 진 인 지 기 한 위 우

不知不饑不寒之憂 爲更甚
부 지 불 기 불 한 지 우 위 갱 심

最(가장 최), 饑(굶주릴 기)

77

선한 행동이
알려지기를 바라지 않는다

••

악한 행동을 한 후에 다른 사람이 알까 두려워하는 것은
악한 마음 가운데에 아직 선한 마음이 남아 있는 것이다.
선한 행동을 한 후에 남이 알아주기를 재촉하며 바란다면
그 선한 마음에 아직 악한 마음의 뿌리가 남아 있기 때문
이다.

• • •

爲惡而畏人知　惡中　猶有善路　爲善而急人知　善處卽是
위악이외인지　악중　유유선로　위선이급인지　선처즉시

惡根
악근

畏(두려워할 외), 猶(오히려 유)

평화로울 때 위태로움을 생각한다

••

하늘의 비밀은 헤아릴 수 없다. 눌렀다가 펴고 폈다가 누르니 이것이 모두 영웅을 비웃고 깔보며 지혜와 용기가 뛰어난 호걸을 넘어뜨리는 것이다. 하지만 군자는 하늘이 운을 거스르고 어긋나게 해도 그것에 순종하며 평화로울 때 위태로움을 생각하니 하늘도 함부로 그 재주를 부릴 수 없다.

•••

天之機緘 不測 抑而伸 伸而抑 皆是播弄英雄 顚倒豪傑
천 지 기 함 불 측 억 이 신 신 이 억 개 시 파 롱 영 웅 전 도 호 걸

處 君子 只是逆來順受 居安思危 天亦無所用其伎倆矣
처 군 자 지 시 역 래 순 수 거 안 사 위 천 역 무 소 용 기 기 량 의

緘(봉할 함), 測(헤아릴 측), 抑(누를 억), 播(뿌릴 파), 弄(희롱할 롱), 顚(꼭대기 전),
豪(호걸 호), 傑(뛰어날 걸), 倆(재주 량)

원만한 성품을 지녀야 한다

••

성품이 조급한 사람은 타는 불과 같아서 무엇이든 만나면 태워버리고, 인정이 없는 사람은 얼음처럼 차가워서 사물을 만나면 반드시 죽이며 상황에 따라 유연하게 행동하지 못한다. 고집이 센 사람은 고인 물이나 썩은 나무와 같아서 생기가 이미 없으니 큰 공로를 세우거나 복을 오래도록 누리기 어렵다.

•••

燥性者 火熾 遇物則焚 寡恩者 氷淸 逢物必殺 凝滯固
조성자　화치　우물즉분　과은자　빙청　봉물필살　응체고

執者 如死水腐木 生機已絶 俱難建功業而延福祉
집자　여사수부목　생기이절　구난건공업이연복지

燥(마를 조), 焚(불사를 분), 寡(적을 과), 逢(만날 봉), 凝(엉길 응), 滯(막힐 체), 俱
(함께할 구)

80

군자는 침묵할 줄 안다

●●

열 마디 말 가운데 아홉 마디가 맞아도 알아주거나 칭찬
하지 않지만, 그 중에 한 마디라도 틀리면 허물을 탓한다.
열 가지 계획 중에 아홉 가지가 이루어져도 공을 돌리지
않으면서 한 가지라도 이루어지지 않으면 비난하는 말이
벌떼처럼 일어난다. 군자는 침묵할지언정 떠들지 않으며
옹졸하고 서툴지언정 재주를 내보이지 않는다.

●●●

十語九中 未必稱奇 一語不中 則愆尤騈集 十謀九成 未
십어구중 미필칭기 일어부중 즉건우병집 십모구성 미

必歸功 一謀不成 則訾議叢興 君子 所以寧默毋躁 寧拙
필귀공 일모불성 즉자의총흥 군자 소이영묵무조 영졸

毋巧
무교

稱(일컬을 칭), 奇(뛰어날 기), 愆(허물 건), 騈(패 지을 병), 謀(꾀할 모), 訾(헐뜯을
자), 叢(모일 총), 躁(떠들 조)

기쁜 마음이 복을 부른다

● ●

복은 바란다고 오는 것이 아니니 기쁜 마음을 길러 복을
부르는 근본으로 삼아야 한다. 재앙은 피할 수 없는 것이
니 남을 해치려는 마음속의 기운을 버려서 재앙을 멀리할
따름이다.

● ● ●

福不可徼　養喜神　以爲召福之本而已　禍不可避　去殺機
복 불 가 요　양 희 신　이 위 소 복 지 본 이 이　화 불 가 피　거 살 기

以爲遠禍之方而已
이 위 원 화 지 방 이 이

徼(구할 요), 召(부를 소), 避(피할 피)

온화한 사람이 복도 두텁고 오래간다

· ·

세상의 기운이 따뜻하면 모든 것들이 살아나며, 기운이
차가우면 곧 죽는다. 따라서 성질이 맑고 차가운 자는 받
아서 누리는 것도 너그럽지 못하고 야박하니, 마음이 온
화하고 따뜻한 사람만이 그 복도 두텁고 은혜 역시 오래
간다.

· · ·

天地之氣 暖則生 寒則殺 故 性氣淸冷者 受享亦凉薄
천 지 지 기 난 즉 생 한 즉 살 고 성 기 청 랭 자 수 향 역 량 박

唯和氣熱心之人 其福亦厚 其澤亦長
유 화 기 열 심 지 인 기 복 역 후 기 택 역 장

暖(따뜻할 난), 享(누릴 향), 凉(서늘할 량)

제3부

菜根譚

사람의 욕심을 따르는 길은 한없이 좁다

●●

하늘의 도리를 따르는 길은 한없이 넓어서 여기에 조금만 마음을 두어도 가슴속이 문득 넓어지며 밝아지는 것을 깨닫는다. 사람의 욕심을 따르는 길은 한없이 좁아서 여기에 조금 발을 붙이기만 해도 눈앞이 모두 가시덤불과 진흙탕으로 변한다.

●●●

天理路上 甚寬 稍游心 胸中 便覺廣大宏朗 人欲路上
천리로상 심관 초유심 흉중 변각광대굉랑 인욕로상

甚窄 纔寄迹 眼前 俱是荊棘泥塗
심착 재기적 안전 구시형극니도

稍(작을 초), 胸(마음 흉), 覺(깨달을 각), 棘(가시 극), 泥(진흙 니)

고통과 기쁨을 통해 얻은 행복은 오래간다

한때는 괴롭고 한때는 즐겁던 이 모든 것들을 서로 갈고 닦아 행복을 이룬 자는 그 행복이 오래가고, 의심과 믿음으로 살피고 헤아려 지식을 이룬 자의 지식이야말로 비로소 참된 것이다.

一苦一樂 相磨練 練極而成福者 其福 始久 一疑一信
일 고 일 락　상 마 련　연 극 이 성 복 자　기 복　시 구　일 의 일 신

相參勘 勘極而成知者 其知 始眞
상 참 감　감 극 이 성 지 자　기 지　시 진

練(단련할 련), 疑(의심할 의), 參(섞일 참), 勘(헤아릴 감), 始(비롯할 시)

마음이 가득 차면
욕심이 들어오지 못한다

••

마음을 항상 비워두면 정의와 진리가 와서 살 것이다. 또한 마음이 항상 가득 차 있으면 재물을 탐하는 욕심이 들어오지 못할 것이다.

•••

心不可不虛 虛則義理來居 心不可不實 實則物欲不入
심 불 가 불 허 허 즉 의 리 래 거 심 불 가 불 실 실 즉 물 욕 불 입

虛(빌 허), 義(옳을 의), 實(가득 찰 실)

마음의 병이 없어야 한다

· ·

수레를 뒤엎는 사나운 말도 길들이면 부릴 수 있고, 다루기 힘든 쇠붙이도 잘 단련하면 살림에 쓰이는 그릇을 만들 수 있다. 놀기만 하고 노력하지 않으면 평생 아주 작은 발전도 없을 것이다. 백사 진헌장陳獻章이 "사람에게 병이 많은 것은 결코 부끄러울 것이 없으나 평생 마음의 병이 없는 것이 내 근심이다"고 했으니 참으로 옳은 말이다.

· · ·

泛駕之馬 可就驅馳 躍冶之金 終歸型範 只一優游不振
봉 가 지 마 가 취 구 치 약 야 지 금 종 귀 형 범 지 일 우 유 부 진

便終身無個進步 白沙云 爲人多病未足羞 一生無病是吾
변 종 신 무 개 진 보 백 사 운 위 인 다 병 미 족 수 일 생 무 병 시 오

憂眞確論也
우 진 확 론 야

泛(엎칠 봉), 駕(탈것 가), 驅(몰 구), 範(틀 범), 羞(바칠 수), 確(확실할 확)

맑은 물에는 고기가 없다

· ·

더러운 땅에는 생물이 많고, 물이 맑으면 고기가 없다. 군
자는 때 묻고 더러운 것도 너그럽게 받아들일 수 있는 넓
은 마음을 지녀야 하지만, 깨끗한 것만 좋아하고 혼자서
만 행하려는 마음을 지니지 말아야 한다.

· · ·

地之穢者　多生物　水之淸者　常無魚　故　君子　當存含垢
지 지 예 자　다 생 물　수 지 청 자　상 무 어　고　군 자　당 존 함 구

納汚之量　不可持好潔獨行之操
납 오 지 량　불 가 지 호 결 독 행 지 조

穢(더러울 예), 含(품을 함), 垢(때 묻을 구), 納(거둘 납), 操(잡을 조)

욕심내지 않는 것을 소중히 여긴다

사람이 한 번 사사로운 이익을 욕심내면 강한 마음이 녹아 약해지고 지혜로움도 막혀 흐려지며, 은혜로운 마음도 모질고 악해지고 깨끗한 마음도 더러워져 한평생의 인품을 망치고 만다. 그러므로 옛사람들은 욕심내지 않는 것을 보물처럼 여겨 한 시대를 초월할 수 있었다.

人只一念貪私　便銷剛爲柔　塞智爲昏　變恩爲慘　染潔爲
인지일념탐사　변소강위유　색지위혼　변은위참　염결위

汚　壞了一生人品　故　古人　以不貪爲寶　所以度越一世
오　괴료일생인품　고　고인　이불탐위보　소이도월일세

銷(녹일 소), 柔(부드러울 유), 塞(막힐 색), 壞(무너질 괴), 度(기량 도)

기상은 높고 넓어야 한다

••

사람의 기상은 높고 넓어야 하지만 경솔해서는 안 되고,
마음은 꼼꼼해야 하지만 옹졸해서는 안 된다. 취향과 즐
기는 것은 담백해야 하지만 한쪽으로 치우치거나 메말라
서는 안 되고, 의지는 날카롭고 공정해야 하지만 과격해
서는 안 된다.

•••

氣象 要高曠 而不可疎狂 心思 要縝密 而不可瑣屑 趣
기상 요고광 이불가소광 심사 요진밀 이불가쇄설 취

味 要沖淡 而不可偏枯 操守 要嚴明 而不可激烈
미 요충담 이불가편고 조수 요엄명 이불가격렬

曠(넓을 광), 縝(촘촘할 진), 密(빽빽할 밀), 瑣(자질구레할 쇄), 屑(가루 설), 激(물결
부딪쳐 흐를 격)

실수를 거울로 삼는다

시작도 하지 않은 일의 성공을 바라는 것보다는 이미 이룬 일을 온전하게 보호하고 유지하는 것이 낫고, 지난날의 실수를 뉘우치는 것보다는 앞으로 있을지도 모를 잘못을 예방하는 것이 낫다.

圖未就之功 不如保已成之業 悔旣往之失 不如防將來之
도 미 취 지 공　불 여 보 이 성 지 업　회 기 왕 지 실　불 여 방 장 래 지

非
비

圖(꾀할 도), 就(이룰 취), 悔(뉘우칠 회), 旣(이미 기)

바람이 지나면
대숲에 소리가 남지 않는다

• •

대숲에 바람이 불면 소리를 내다가도 바람이 지나가면 소리가 남지 않는다. 호수에 기러기떼가 지날 때는 그림자가 비치지만 지나고 나면 호수에는 그림자가 남지 않는다. 이처럼 군자는 일이 생기면 비로소 마음이 움직이고 일이 지나가면 마음도 따라 비게 된다.

• • •

風來疎竹 風過而竹不留聲 雁度寒潭 雁去而潭不留影
풍 래 소 죽   풍 과 이 죽 불 류 성   안 도 한 담   안 거 이 담 불 류 영

故 君子 事來而心始現 事去而心隨空
고 군자 사 래 이 심 시 현 사 거 이 심 수 공

疎(통할 소), 雁(기러기 안), 潭(못 담), 留(머무를 류)

마음의 중심을 잡는 것이 아름다운 덕이다

● ●

성품과 행실이 맑으면서도 너그럽고, 어질면서 결단을 잘하며, 영리하면서도 지나치게 살피지 않고, 마음이 꼿꼿하고 곧으면서도 너무 바른 것에 치우치지 않으면 이는 꿀을 발라도 달지 않고, 짜지 않은 해산물과 같으니 이것이 곧 아름다운 덕이다.

● ● ●

淸能有容　仁能善斷　明不傷察　直不過矯　是謂蜜餞不甜
청 능 유 용　인 능 선 단　명 불 상 찰　직 불 과 교　시 위 밀 전 불 첨

海味不鹹　纔是懿德
해 미 불 함　재 시 의 덕

能(잘할 능), 傷(닿을 상), 矯(바로잡을 교), 蜜(꿀 밀), 餞(음식 권할 전), 纔(그야말로 재), 懿(아름다울 의)

한가한 때일수록
시간을 헛되이 낭비하지 마라

••

한가한 때 세월을 헛되이 낭비하지 않으면 바쁠 때 쓸모
가 있다. 고요한 때에도 공허함에 빠지지 않는다면 활동
할 때 도움이 된다. 어두운 곳에서도 자신을 속이지 않으
면 밝은 곳에서 쓰임이 있다.

•••

閒中 不放過 忙處 有受用 靜中 不落空 動處 有受用 暗
한중 불방과 망처 유수용 정중 불락공 동처 유수용 암

中 不欺恩 明處有受用
중 불기은 명처유수용

閒(한가할 한), 暗(어두울 암), 欺(속일 기)

마음을 살펴 도를 구한다

··

조용한 가운데 생각이 맑으면 마음의 본질을 볼 수 있으
며, 한가한 가운데 마음이 조용하면 마음의 근본을 알게
될 것이다. 담백한 가운데 뜻이 평탄하면 마음의 참맛을
얻게 되니 마음을 살피고 도를 얻는 길에 이 세 가지보다
나은 것은 없다.

···

靜中 念慮澄徹 見心之眞體 閒中 氣象從容 識心之眞機
정중 염려징철 견심지진체 한중 기상종용 식심지진기

淡中 意趣沖夷 得心之眞味 觀心證道 無如此三者
담중 의취충이 득심지진미 관심증도 무여차삼자

慮(생각할 려), 澄(맑을 징), 徹(통할 철), 沖(담박할 충), 證(증명할 증)

화를 복으로 삼아라

••

문득 생각이 욕심을 향하는 것을 깨닫게 되면 곧 도리의
길로 이끌고, 하나의 생각이 떠오르는 순간 깨닫고 한 번
깨달으면 곧 되돌려야 한다. 이것이 재앙을 되돌려 복으
로 삼고, 죽음을 일으켜 삶으로 되돌리는 갈림길이니 진
정 가볍게 여기거나 지나쳐버리지 마라.

•••

念頭起處　纔覺向欲路上去　便挽從理路上來　一起便覺
염 두 기 처　　재 각 향 욕 로 상 거　　변 만 종 리 로 상 래　　일 기 변 각

一覺便轉　此是轉禍爲福　起死回生的關頭　切莫輕易放過
일 각 변 전　차 시 전 화 위 복　기 사 회 생 적 관 두　절 막 경 이 방 과

挽(당길 만), 關(빗장 관)

괴로움 속에 참다운 즐거움이 있다

• •

고요 속의 고요는 진정한 고요가 아니며, 소란한 곳에서 고요를 얻을 수 있어야 비로소 본성의 참 경지에 이른 것이다. 즐거움 속에서 즐거움을 얻는 것은 참다운 즐거움이 아니며, 괴로움 속에서 즐거움을 얻을 수 있어야 마음의 참 본질을 볼 수 있다.

• • •

靜中靜 非眞靜 動處 靜得來 纔是性天之眞境 樂處樂
정 중 정 비 진 정 동 처 정 득 래 재 시 성 천 지 진 경 낙 처 락

非眞樂 苦中 樂得來 纔見心體之眞機
비 진 락 고 중 낙 득 래 재 견 심 체 지 진 기

眞(참 진), 處(살 처)

102

결정한 일은 의심하지 마라

내 몸을 희생하기로 했으면 그 일을 의심하지 마라. 의심을 한다면 내 몸을 희생하려는 뜻이 부끄러워지니 남에게 은 혜를 베풀었거든 그 보답을 바라지 마라. 그 보답을 바라면 은혜를 베푼 마음과 아울러 모든 것을 그르치게 된다.

舍己 毋處其疑 處其疑 卽所舍之志多愧矣 施人 毋責其
사 기 무 처 기 의 처 기 의 즉 소 사 지 지 다 괴 의 시 인 무 책 기

報責其報 併所施之心俱非矣
보 책 기 보 병 소 시 지 심 구 비 의

舍(사라질 사), 毋(아닐 무), 愧(부끄러워할 괴), 責(꾸짖을 책)

하늘은 스스로 돕는 자를 돕는다

••

하늘이 내게 복을 너그럽지 않게 준다면 나는 내 덕을 두 텁게 해서 이를 맞을 것이다. 하늘이 내 몸을 고되게 한다 면 나는 내 마음을 편안히 해서 이를 보충할 것이다. 하늘 이 나에게 모질고 사나운 운을 준다면 나는 내 도리를 다 하여 이를 열리게 할 것이니, 하늘인들 나를 어떻게 하겠 는가.

•••

天 薄我以福 吾 厚吾德以迓之 天 勞我以形 吾 逸吾心
천　박아이복　오　후오덕이아지　천　노아이형　오　일오심

以補之 天 阨我以遇 吾 亨吾道以通之 天且我 奈何哉
이보지　천　액아이우　오　형오도이통지　천차아　내하재

迓(마중할 아), 補(더할 보), 阨(험할 액), 亨(형통할 형)

바른 사람은
뜻밖의 행운을 바라지 않는다

● ●

신념과 의지가 굳은 선비에게는 복을 바라는 마음이 없으
나 하늘이 그 마음을 이끌어주며, 음흉한 사람은 재앙을
피하려고 애쓰지만 하늘이 그를 찾아가 넋을 빼앗는다.
그러니 하늘의 권세와 능력이 무척 신통하고 묘하다. 사
람의 지혜나 재주가 무슨 소용이 있겠는가.

● ● ●

貞士 無心徼福 天卽就無心處 牖其衷 憸人 著意避禍
정사 무심요복 천즉취무심처 유기충 섬인 착의피화

天卽就著意中 奪其魄 可見天之機權 最神 人之智巧 何
천즉취착의중 탈기백 가견천지기권 최신 인지지교 하

益
익

貞(곧을 정), 牖(인도할 유), 衷(속마음 충), 奪(빼앗을 탈)

105

사람을 보려면 후반생을 보라

●●

노래 잘하는 기생이라도 나이 들어 한 명의 남편을 따르
면 평생 분 냄새 풍기던 생활도 마음에 거리낌이 없을 것
이다. 정조가 있는 부인이라도 머리털이 하얗게 세어서
정조를 잃으면 반생애 깨끗하게 애쓴 것도 모두 헛일이
되고 만다. 사람을 보려면 다만 그 후반생을 보라 했으니
참으로 사리에 맞는 말이다.

●●●

聲妓 晚景從良 一世之臙花無碍 貞婦 白頭失守 半生之
성기 만경종량 일세지연화무애 정부 백두실수 반생지

清苦俱非 語 云 看人 只看後半截 眞名言也
청고구비 어 운 간인 지간후반절 진명언야

妓(기생 기), 臙(연지 연), 碍(거리낄 애), 截(끊을 절)

권력을 욕심내는 것은
벼슬 있는 거지와 같다

••

벼슬 없는 백성이라도 덕을 쌓고 은혜를 베풀면 이는 곧
지위 없는 재상이다. 사대부 집안의 사람이라도 한낱 권
력과 세력을 욕심내고 명예를 사는 것에 힘쓴다면 벼슬
있는 거지와 같다.

•••

平民 肯種德施惠 便是無位的公相 士夫 徒貪權市寵 竟
평민 긍종덕시혜 변시무위적공상 사부 도탐권시총 경

成有爵的乞人
성유작적걸인

惠(은혜 혜), 寵(사랑할 총), 爵(벼슬 작), 乞(빌 걸)

내가 쌓은 덕이 자손의 복이다

조상의 은혜와 덕을 묻는다면 내 몸이 누리는 것이 그것이니 마땅히 그 은덕을 쌓기가 어렵다는 것을 생각해야 한다. 자손의 복이 무엇인지 묻는다면 내 몸이 남긴 것이니 그것은 기울어서 엎어지기 쉽다는 것을 생각해야 한다.

問祖宗之德澤 吾身所享者 是 當念其積累之難 問子孫
문 조 종 지 덕 택 오 신 소 향 자 시 당 념 기 적 루 지 난 문 자 손

之福祉 吾身所貽者 是 要思其傾覆之易
지 복 지 오 신 소 이 자 시 요 사 기 경 복 지 이

澤(은혜 택), 積(쌓을 적), 累(늘릴 루), 貽(남길 이), 傾(뒤집힐 경), 覆(뒤집힐 복)

남을 속이는 것은 악보다 못하다

••

군자가 선한 척하며 속이는 것은 도량이 좁고 간사한 사
람이 악을 마음대로 하는 것과 같다. 군자가 신념을 지키
지 못하는 것은 도량이 좁고 간사한 사람이 스스로 뉘우
치고 새로워지는 것보다 못하다.

•••

君子而詐善　無異小人之肆惡　君子而改節　不及小人之自
군 자 이 사 선 　 무 이 소 인 지 사 악 　 군 자 이 개 절 　 불 급 소 인 지 자

新
신

詐(속일 사), 肆(방자할 사)

따뜻한 기운이 얼음을 녹인다

••

집안 사람에게 허물이 있다면 몹시 화를 내서도 안 되고 가볍게 여겨도 안 된다. 그 일을 말하기 곤란하면 다른 일로 비유하여 은근히 돌려 말하되 오늘 깨닫지 못하면 내일을 기다려 다시 깨우치게 한다. 그리하여 마치 봄바람이 언 것을 녹이고 따뜻한 기운이 얼음을 녹이듯이 해야 비로소 가정의 규범이 된다.

•••

家人有過　不宜暴怒　不宜輕棄　此事難言　借他事隱諷之
가 인 유 과　　불 의 폭 노　　불 의 경 기　　차 사 난 언　　차 타 사 은 풍 지

今日不悟　俟來日再警之　如春風解凍　如和氣消氷　纔是
금 일 불 오　　사 래 일 재 경 지　　여 춘 풍 해 동　　여 화 기 소 빙　　재 시

家庭的型範
가 정 적 형 범

暴(사나울 폭), 隱(숨길 은), 諷(풍자할 풍), 警(타이를 경)

세상일은 제 마음에 달려 있다

내 마음이 늘 모나지 않고 부드러우면 세상도 저절로 완벽한 세계가 될 것이며, 내 마음이 늘 너그럽고 넓으면 세상에서 저절로 사람들의 험악한 마음이 사라질 것이다.

此心　常看得圓滿　天下　自無缺陷之世界　此心　常放得寬
차심　상간득원만　천하　자무결함지세계　차심　상방득관

平天下　自無險側之人情
평천하　자무험측지인정

看(볼 간), 缺(모자랄 결), 陷(빠질 함), 險(험할 험)

어떤 상황에서도
신념과 의지를 바꾸지 않는다

욕심이 없고 도리에 어긋나는 짓을 하지 않는 선비는 반드시 화려하게 사는 자의 의심을 받으며, 엄격한 사람은 흔히 무례하고 건방진 자의 방해를 받게 된다. 군자는 조금이라도 그 신념과 굳은 의지를 바꾸지 말아야 하며, 또 지나치게 날카로움을 드러내서도 안 된다.

澹泊之士 必爲濃艷者所疑 檢飭之人 多爲放肆者所忌
담 박 지 사 필 위 농 염 자 소 의 검 칙 지 인 다 위 방 사 자 소 기

君子處此 固不可少變其操履 亦不可太露其鋒芒
군 자 처 차 고 불 가 소 변 기 조 리 역 불 가 태 로 기 봉 망

飭(경계할 칙), 肆(방자할 사), 鋒(날카로울 봉), 芒(바늘 망)

113

어려운 상황에 처했을 때 인내하고 노력하라

● ●

어려운 상황에 처해 있으면 몸의 주위가 모두 침이고 약이니 자신도 모르는 사이에 절개를 닦고 행실을 바르게 해도 깨닫지 못한다. 순조로운 상황에 있게 되면 눈앞이 모두 칼과 창이니 기름을 녹이고 뼈를 깎아도 알지 못한다.

● ● ●

居逆境中　周身　皆鍼砭藥石　砥節礪行而不覺　處順境內
거 역 경 중　주 신　개 침 폄 약 석　지 절 려 행 이 불 각　처 순 경 내

眼前　盡兵刃戈矛　銷膏靡骨而不知
안 전　진 병 인 과 모　소 고 미 골 이 부 지

鍼(침 침), 砭(돌침 폄), 礪(거친 숫돌 려), 膏(살진 살 고)

욕심과 권력은 성난 불꽃과 같다

● ●

부유하게 성장한 자는 욕심이 성난 불길 같고, 권력과 세력은 사나운 불꽃과 같다. 만약 조금이라도 맑고 서늘한 기운을 띠지 않는다면, 그 불꽃이 남을 태우지는 않더라도 반드시 자신을 태우게 될 것이다.

● ● ●

生長富貴叢中的 嗜欲 如猛火 權勢 似烈焰 若不帶些淸
생 장 부 귀 총 중 적　기 욕　여 맹 화　권 세　사 렬 염　약 부 대 사 청

冷氣味 其火焰 不至焚人 必將自爍矣
랭 기 미　기 화 염　부 지 분 인　필 장 자 삭 의

嗜(욕심낼 기), 焰(불꽃 염), 些(조금 사), 焚(불사를 분), 爍(뜨거울 삭)

진실하지 못하면
그림자도 부끄러워한다

••

사람의 마음이 진실하면 서리를 내리게 하고, 성을 무너
뜨리며 쇠와 돌도 뚫을 수 있다. 거짓되고 말과 행동이 옳
지 못한 자는 한낱 형체만 거짓으로 갖추었을 뿐 진정한
주인은 이미 없어졌으니, 사람을 대하면 얼굴도 밉살스럽
고 혼자 있으면 그림자도 스스로 부끄러워진다.

•••

人心一眞 便霜可飛 城可隕 金石可貫 若僞妄之人 形骸
인 심 일 진 변 상 가 비 성 가 운 금 석 가 관 약 위 망 지 인 형 해

徒具 眞宰已亡 對人則面目 可憎 獨居則形影 自媿
도 구 진 재 이 망 대 인 즉 면 목 가 증 독 거 즉 형 영 자 괴

霜(서리 상), 隕(무너뜨릴 운), 憎(미워할 증), 媿(부끄러울 괴)

모든 것이 나와 한 몸이다

··

이 세상의 모든 것을 허깨비로 본다면 공을 세워 이름을 드높이는 것과 부유한 것은 물론 내 몸도 빌려 가진 형체일 뿐이다. 이 세상의 모든 것을 참된 경지로 본다면 부모 형제는 물론 모든 것이 나와 한 몸이니, 사람이 이것을 쉽게 알아차리고 분별할 수 있다면 비로소 세상을 이끌 수 있고 또한 세상의 얽매임에서 벗어날 수 있다.

···

以幻迹言 無論功名富貴 卽肢體 亦屬委形 以眞境言 無
이 환 적 언   무 론 공 명 부 귀   즉 지 체   역 속 위 형   이 진 경 언   무

論父母兄弟 卽萬物 皆吾一體 人能看得破 認得眞 纔可
론 부 모 형 제   즉 만 물   개 오 일 체   인 능 간 득 파   인 득 진   재 가

任天下之負擔 亦可脫世間之韁鎖
임 천 하 지 부 담   역 가 탈 세 간 지 강 쇄

幻(허깨비 환), 屬(엮을 속), 韁(굴레 강), 鎖(쇠사슬 쇄)

정도를 넘지 않으면 후회가 없다

입에 맞는 맛은 창자를 녹이고 뼈를 썩게 하는 약과 같으니 반쯤에서 그치면 재앙이 없을 것이다. 마음을 기쁘게 하는 일은 모두 몸을 망치고 덕을 잃게 하는 것이니 반쯤에서 멈추면 후회가 없을 것이다.

爽口之味 皆爛腸腐骨之藥 五分 便無殃 快心之事 悉敗
상 구 지 미　개 란 장 부 골 지 약　오 분　변 무 앙　쾌 심 지 사　실 패

身喪德之媒 五分 便無悔
신 상 덕 지 매　오 분　변 무 회

爽(시원할 상), 爛(문드러질 란), 殃(재앙 앙), 媒(매개 매)

덕을 길러 해를 멀리하라

남의 작은 허물을 꾸짖지 않으며, 남의 사사로운 비밀을 드러내지 말며, 남의 지난날 잘못을 생각하지 마라. 이 세 가지를 실천하면 덕을 기를 수 있으며 또한 재앙을 멀리 할 수 있다.

不責人小過 不發人陰私 不念人舊惡 三者 可以養德 亦
불 책 인 소 과　불 발 인 음 사　불 념 인 구 악　삼 자　가 이 양 덕　역

可以遠害
가 이 원 해

責(꾸짖을 책), 舊(옛적 구)

제4부

菜根譚

몸가짐이 바르지 않으면
한가함과 침착함이 없어진다

• •

선비는 몸가짐을 바르게 해야 하니 바르지 않으면 사물이 나를 흔들어서 한가함과 침착함이 없어진다. 또한 마음 씀씀이를 야박하게 하지 말아야 하니 야박하면 내가 사물에 얽매여서 시원스러움과 활발함이 없어진다.

• • •

士君子 持身 不可輕 輕則物能撓我 而無悠閒鎭定之趣
사 군 자 지 신 불 가 경 경 즉 물 능 요 아 이 무 유 한 진 정 지 취

用意 不可重 重則我爲物泥 而無瀟灑活潑之機
용 의 불 가 중 중 즉 아 위 물 니 이 무 소 쇄 활 발 지 기

撓(어지러울 요), 鎭(누를 진), 泥(흐릴 니), 瀟(강 이름 소), 灑(뿌릴 쇄)

풍성하고 왕성했을 때 조심하라

늙어서 생기는 병은 모두 젊었을 때 불러들인 것이고, 집안의 세력이 약해진 후의 재앙은 모두 번성했을 때 만든 것이니, 군자는 한창 풍성하고 왕성했을 때 더욱 조심해야 한다.

老來疾病 都是壯時招的 衰後罪孽 都是盛時作的 故 持
노래질병 도시장시초적 쇠후죄얼 도시성시작적 고 지

盈履滿 君子尤兢兢焉
영리만 군자우긍긍언

衰(쇠할 쇠), 孽(재앙 얼), 焉(어찌 언)

인생은 두 번 오지 않는다

세상은 영원히 존재하지만 이 몸은 두 번 태어나지 못하며, 인생은 단지 백 년이라 이 날은 쉽게 지나가버린다. 다행히 그 사이에 태어난 몸이 삶의 즐거움을 모르면 안 되며, 또한 아무 보람 없이 사는 것을 걱정해야 한다.

天地 有萬古 此身 不再得 人生 只百年 此日 最易過 幸
천 지 유 만 고 차 신 부 재 득 인 생 지 백 년 차 일 최 이 과 행

生其間者 不可不知有生之樂 亦不可不懷虛生之憂
생 기 간 자 불 가 부 지 유 생 지 락 역 불 가 불 회 허 생 지 우

再(두 번 재), 懷(품을 회)

남 모르게 공덕을 쌓아라

개인의 이익을 위해 은혜를 베푸는 것이 공익을 꾀하는
것만 못하고, 새로운 친구를 사귀는 것은 옛 친구와 정을
두텁게 하는 것만 못하다. 세상에 빛나는 이름을 드높이
는 것이 남 모르는 공덕을 펴는 것만 못하고, 기이한 절개
와 의리를 숭상하는 것은 일상의 행실을 조심하는 것만
못하다.

市私恩 不如扶公議 結新知 不如敦舊好 立榮名 不如種
시 사 은 불여부공의 결 신 지 불여돈구호 입 영 명 불 여 종

隱德 尙奇節 不如謹庸行
은 덕 상 기 절 불 여 근 용 행

扶(도울 부), 敦(도타울 돈), 庸(평소 용)

뜻을 굽혀 남을 기쁘게 하지 마라

· ·

뜻을 굽혀 남을 기쁘게 하는 것은 몸을 바르게 하여 남의
미움을 받는 것만 못하고, 착한 일을 하지 않고 남의 칭찬
을 받는 것은 나쁜 일을 하지 않고 남의 비방을 받는 것만
못하다.

· · ·

曲意而使人喜 不若直躬而使人忌 無善而致人譽 不若無
곡 의 이 사 인 희　불 약 직 궁 이 사 인 기　무 선 이 치 인 예　불 약 무

惡而致人毁
악 이 치 인 훼

躬(몸 궁), 譽(칭찬할 예), 毁(상처 입힐 훼)

친구의 허물을 넘기지 마라

＊＊

부모 형제가 변을 당하면 마땅히 침착해야 하며 흥분해서
는 안 되고, 친구의 허물을 보게 되면 마땅히 타일러야 하
니 결코 주저하지 마라.

＊＊＊

處父兄骨肉之變　宜從容　不宜激烈　遇朋友交遊之失　宜
처 부 형 골 육 지 변　의 종 용　불 의 격 렬　우 붕 우 교 유 지 실　의

凱切　不宜優游
개 절　불 의 우 유

激(격할 격), 凱(개선할 개), 優(넉넉할 우)

작은 일이라도 소홀히 하지 마라

작은 일이라도 소홀히 하지 않고, 남이 보지 않는 곳에서도 속이거나 숨기지 마라. 실패했더라도 게을리 하거나 포기하지 않는 사람이야말로 진정한 영웅이다.

小處　不渗漏　暗中　不欺隱　末路　不怠荒　纔是個眞正英
소 처　불 삼 루　암 중　불 기 은　말 로　불 태 황　재 시 개 진 정 영

雄
웅

渗(거를 삼), 漏(샐 루), 欺(속일 기), 荒(어두울 황)

사랑이 지나치면 원수가 된다

비싼 값을 치러도 한때의 환심을 살 수는 없으나 한 그릇
의 밥으로도 평생 감격하게 할 수 있으니, 대개 사랑이 지
나치면 도리어 원수가 되고 괴로움이 지극하면 적은 것도
오히려 기쁨이 된다.

千金　難結一時之歡　一飯　竟致終身之感　蓋愛重反爲仇
천금　난 결 일 시 지 환　일 반　경 치 종 신 지 감　개 애 중 반 위 구

薄極翻成喜也
박 극 번 성 희 야

歡(기뻐할 환), 飯(밥 반), 仇(원수 구), 翻(도리어 번)

130

세상을 건너는 방법이 있다

교묘한 것을 옹졸한 것으로 감추며 어둠을 이용하여 밝게 하고, 맑은 것을 흐린 것 속에 감추며, 굽히는 것을 몸을 펴는 방법으로 삼는다면 참으로 세상을 건너는 한 수단이 되고 몸을 감추는 세 은신처가 된다.

藏巧於拙　用晦而明　寓淸于濁　以屈爲伸　眞涉世之
장교어졸　용회이명　우청우탁　이굴위신　진섭세지

一壺 藏身之三窟也
일호　장신지삼굴야

拙(옹졸할 졸), 晦(어둠 회), 窟(소굴 굴)

어려움에 처해서는 백 번을 참고 견뎌라

쇠퇴하는 모습은 화려함 속에 있고, 자라는 움직임은 초목이 시들어 떨어지는 가운데 있다. 그러므로 군자는 편안할 때 한결같은 마음으로 앞으로 있을 재앙을 걱정하고 어지러운 세상의 소란 속에서는 백 번을 참고 견뎌 일을 이루어야 한다.

衰颯的景象 就在盛滿中 發生的機緘 卽在零落內 故 君
쇠 삽 적 경 상 취 재 성 만 중 발 생 적 기 함 즉 재 영 락 내 고 군

子 居安 宜操一心以慮患 處變 當堅百忍以圖成
자 거 안 의 조 일 심 이 려 환 처 변 당 견 백 인 이 도 성

颯(쇠잔한 모양 삽), 緘(봉할 함), 零(떨어질 영), 慮(걱정할 려)

욕망과 분노의 마음을 끊어라

● ●

분노의 불길과 욕망의 물결이 들끓을 때를 만나면, 분명
하게 이를 알면서도 또 반드시 그와 같은 일을 저지르니,
아는 자는 누구며 저지르는 자는 누구인가. 여기에서 급
히 생각을 바꾼다면 사악한 악마가 변하여 참다운 마음이
될 것이다.

● ● ●

當怒火慾水　正騰沸處　明明知得　又明明犯著　知的是誰
당 노 화 욕 수　정 등 비 처　명 명 지 득　우 명 명 범 착　지 적 시 수

犯的又是誰　此處　能猛然轉念　邪魔便爲眞君矣
범 적 우 시 수　차 처　능 맹 연 전 념　사 마 변 위 진 군 의

慾(욕심 욕), 騰(오를 등), 沸(끓을 비), 邪(사악할 사)

남의 유능함을 인정하라

한쪽으로만 치우쳐 믿어서 간사한 자에게 속지 말며, 제
힘을 믿어 쓸데없는 혈기와 용기를 부리지 마라. 제 장점
으로 남의 단점을 드러내지 말며, 제 옹졸함과 서투름 때
문에 남의 유능함을 꺼리지 마라.

毋偏信而爲奸所欺　毋自任而爲氣所使　毋以己之長而形
무 편 신 이 위 간 소 기　무 자 임 이 위 기 소 사　무 이 기 지 장 이 형

人之短　毋因己之拙而忌人之能
인 지 단　무 인 기 지 졸 이 기 인 지 능

偏(치우칠 편), 奸(간사할 간)

남의 단점은 감싸줘라

남의 단점은 애써 감싸줘야 하니, 만일 이를 드러내서 세상에 알린다면 이는 단점으로 단점을 공격하는 것이다. 남에게 완고함이 있다면 잘 타일러 바람직하게 변화시켜야 하고, 만일 성내고 미워한다면 이는 완고함으로 완고함을 구제하려는 것이다.

人之短處 要曲爲彌縫 如暴而揚之 是 以短攻短 人有頑
인 지 단 처 요 곡 위 미 봉 여 폭 이 양 지 시 이 단 공 단 인 유 완

的 要善爲化誨 如忿而疾之 是 以頑濟頑
적 요 선 위 화 회 여 분 이 질 지 시 이 완 제 완

縫(꿰맬 봉), 暴(해칠 폭), 頑(완고할 완), 誨(가르칠 회), 忿(성낼 분), 疾(괴로움 질)

마음을 다스리지 못하면 마음의 병을 고칠 수 없다

마음이 어둡고 어수선할 때는 정신을 바로할 줄 알아야
한다. 마음이 긴장되어 굳어졌을 때는 풀어버릴 줄 알아
야 한다. 그렇지 않으면 마음이 어둡고 혼미한 병을 고치
더라도 다시 마음을 졸이는 병이 올까 두려울 것이다.

念頭昏散處 要知提醒 念頭喫緊時 要知放下 不然 恐去
염 두 혼 산 처 요 지 제 성 염 두 끽 긴 시 요 지 방 하 불 연 공 거

昏昏之病 又來憧憧之擾矣
혼 혼 지 병 우 래 동 동 지 요 의

昏(어두울 혼), 醒(깰 성), 緊(굳게 얽을 긴), 恐(두려울 공), 擾(어지러울 요)

털끝만 한 막힘에도 변화가 생긴다

. .

맑게 갠 푸른 하늘에 별안간 천둥 번개가 치기도 하며, 세
찬 바람과 세차게 쏟아지는 비도 어느새 밝은 달과 맑은
하늘로 변하니 자연의 움직임이 어찌 일정하겠는가. 털끝
만 한 막힘과 걸림에도 이런 변화가 생기니 하늘이 어찌
일정하겠는가. 사람의 본래 마음도 이와 같을 것이다.

. . .

霽日青天　倏變爲迅雷震電　疾風怒雨　倏變爲朗月晴空
제 일 청 천　숙 변 위 신 뢰 진 전　질 풍 노 우　숙 변 위 랑 월 청 공

氣機何常　一毫凝滯　太虛何常　一毫障塞　人心之體　亦當
기 기 하 상　일 호 응 체　태 허 하 상　일 호 장 색　인 심 지 체　역 당

如是
여 시

倏(갑자기 숙), 震(벼락 진), 電(번개 전), 朗(밝을 랑), 塞(막힐 색)

의식과 의지는 수레바퀴와 같다

사사로운 욕심을 이기고 절제하는 일이란 일찍 알지 못하면 억제하기 어렵다고 말하는 이도 있고, 이를 알았더라도 절제하기 어렵다고 하는 이도 있다. 대개 의식은 악마를 밝혀내는 할 알의 밝은 구슬이고, 의지는 악마를 베는 한 자루의 예리한 검이니 두 가지 모두 없어서는 안 된다.

勝私制欲之功 有曰 識不早 力不易者 有曰 識得破 忍
승 사 제 욕 지 공 유 왈 식 부 조 역 불 이 자 유 왈 식 득 파 인

不過者 蓋識 是一顆照魔的明珠 力 是一把斬魔的慧劍
불 과 자 개 식 시 일 과 조 마 적 명 주 역 시 일 파 참 마 적 혜 검

兩不可少也
양 불 가 소 야

顆(낱알 과), 照(비출 조), 斬(벨 참), 慧(슬기로울 혜)

속임과 모욕을 이겨내라

남이 속이는 것을 알아도 말로 표현하지 말고, 남에게 모욕을 당하더라도 얼굴색을 바꾸지 않는다면 이 가운데 깊은 뜻이 있고, 무한한 보람과 쓰임이 있을 것이다.

覺人之詐 不形於言 受人之侮 不動於色 此中 有無窮意
각 인 지 사 불 형 어 언 수 인 지 모 부 동 어 색 차 중 유 무 궁 의

味 亦有無窮受用
미 역 유 무 궁 수 용

覺(깨달을 각), 窮(다할 궁)

어려운 환경은
심신을 단련하는 용광로와 같다

••

어려운 환경에 처해 곤궁하게 지내는 것은 용감하고 지혜가 있는 사람으로 단련시키는 화로와 망치 같다. 그 단련을 받으면 몸과 마음에 모두 이익이 되고, 그 단련을 받지 않으면 몸과 마음에 모두 손해가 된다.

•••

橫逆困窮 是煅煉豪傑的一副鑪錘 能受其煅煉 則身心交
횡 역 곤 궁 시 단 련 호 걸 적 일 부 로 추 능 수 기 단 련 즉 신 심 교

益 不受其煅煉 則身心交損
익 불 수 기 단 련 즉 신 심 교 손

煅(쇠 불릴 단), 煉(단련할 련), 鑪(화로 로), 錘(망치 추), 損(손해 볼 손)

내 몸이 작은 우주다

••

내 몸이 작은 우주니 기쁨과 성냄에 허물이 없고, 좋아하
고 미워하는 것을 법도에 맞게 한다면 이것이 곧 우주의
이치에 순응하는 공부다. 우주는 하나의 거룩한 부모이니
백성의 원망이 없고, 모든 사물이 병들지 않는다면 이 또
한 화목함을 더욱 두텁게 하는 기상이다.

•••

吾身 一小天地也 使喜怒不愆 好惡有則 便是燮理的工
오신 일소천지야 사희로불건 호오유칙 변시섭리적공

夫天地 一大父母也 使民無怨咨 物無氛疹 亦是敦睦的
부천지 일대부모야 사민무원자 물무분진 역시돈목적

氣象
기상

燮(조화할 섭), 咨(탄식할 자), 氛(재앙 분), 疹(앓을 진), 敦(도타울 돈)

143

지나치게 살피는 것을 경계하라

••

사람을 해치려는 마음이 있어서는 안 되며, 해를 막으려
는 마음이 없어서는 안 되니, 이것은 생각이 소홀한 것을
경계한 것이다. 차라리 남에게 속을지언정 남이 나를 속
일지를 미리 의심하지 말아야 하니 이는 지나치게 살피는
것을 경계한 것이다. 이 두 가지 말을 마음에 간직한다면,
생각이 밝아지고 덕이 두터워질 것이다.

•••

害人之心 不可有 防人之心 不可無 此 戒疎於慮也 寧
해 인 지 심 불 가 유 방 인 지 심 불 가 무 차 계 소 어 려 야 영

受人之欺 毋逆人之詐 此 警傷於察也 二語竝存 精明而
수 인 지 기 무 역 인 지 사 차 경 상 어 찰 야 이 어 병 존 정 명 이

渾厚矣
혼 후 의

慮(생각할 려), 察(살필 찰), 渾(흐릴 혼)

공과 사를 분별할 줄 알아야 한다

● ●

여러 사람이 의심한다고 해서 자신의 생각을 굽히지 말
며, 내 뜻에만 의지하여 남의 말을 버리지 마라. 사사롭고
작은 은혜 때문에 큰일을 그르치지 말며, 여러 사람들의
생각을 빌려 개인적인 감정을 해결하지 마라.

● ● ●

毋因群疑而阻獨見　毋任己意而廢人言　毋私小惠而傷大
무 인 군 의 이 조 독 견　무 임 기 의 이 폐 인 언　무 사 소 혜 이 상 대

體　毋借公論以快私情
체　무 차 공 론 이 쾌 사 정

阻(막힐 조), 廢(버릴 폐)

145

모든 일에 성급히 앞서지 말고
신중히 판단한다

●●

선한 사람과 빨리 친해질 수 없거든 미리 칭찬하지 마라. 간사한 이가 악독하게 헐뜯어 윗사람에게 거짓으로 고할까 두렵다. 악한 사람을 쉽게 내칠 수 없거든 미리 입 밖에 내지 마라. 뜻밖의 재앙을 부를까 두렵다.

●●●

善人　未能急親　不宜預揚　恐來讒譖之奸　惡人　未能輕去
선 인　미 능 급 친　불 의 예 양　공 래 참 참 지 간　악 인　미 능 경 거

不宜先發　恐招媒蘖之禍
불 의 선 발　공 초 매 얼 지 화

預(미리 예), 讒(거짓말할 참), 譖(헐뜯을 참), 蘖(싹틀 얼)

세상을 뒤흔드는 힘도
살얼음 밟듯 조심하는 가운데 얻어진다

● ●

화창한 대낮에 빛나는 절개와 의리도 어두운 방의 구석에
서 키워온 것이고, 세상을 뒤흔드는 통치력도 깊은 곳에
들어가거나 살얼음을 밟는 것처럼 조심스럽게 하여 얻은
것이다.

● ● ●

靑天白日的節義　自暗室屋漏中培來　旋乾轉坤的經綸　自
청 천 백 일 적 절 의 　자 암 실 옥 루 중 배 래 　선 건 전 곤 적 경 륜 　자

臨深履薄處操出
림 심 리 박 처 조 출

漏(샐 루), 旋(회전할 선)

147

당연한 도리를 은혜로 여긴다면
이는 장사꾼과 같다

어버이는 자식을 사랑하고 자식은 부모에게 효도하며 형제간에 사랑하고 공경하여 비록 더할 수 없이 극진한 곳에 이르렀더라도 그것은 모두 당연한 것일 뿐 털끝만큼도 감격하는 마음을 가져서는 안 된다. 만일 베푸는 자가 베푸는 것을 덕으로 여기고 받는 자가 그것을 은혜로 생각한다면 이는 길 가는 행인이나 장사꾼과 다를 것이 없다.

父慈子孝 兄友弟恭 縱做到極處 俱是合當如此 著不得
부자자효　형우제공　종주도극처　구시합당여차　착부득

一毫感激的念頭 如施者任德 受者懷恩 便是路人 便成
일호감격적염두 여시자임덕 수자회은 변시로인 변성

市道矣
시도의

做(지을 주), 毫(터럭 호), 懷(품을 회)

고운 것이 있으면 추한 것이 있다

··

고운 것이 있으면 반드시 추한 것이 있어 대조를 이루니,
내가 고운 것을 자랑하지 않으면 누가 나를 추하다 하겠
는가. 깨끗한 것이 있으면 반드시 더러운 것도 있어 대조
를 이루니, 내가 깨끗한 것을 좋아하지 않으면 누가 나를
더럽다고 하겠는가.

···

有妍 必有醜 爲之對 我不誇妍 誰能醜我 有潔 必有汚
유 연 필유추 위지대 아불과연 수능추아 유결 필유오

爲之仇 我不好潔 誰能汚我
위지구 아불호결 수능오아

醜(추할 추), 誇(자랑할 과)

150

침착하고 사리에 맞는 마음으로 괴로움을 다스려라

· ·

뜨겁다가 차가워지는 태도의 변화는 부유한 자가 가난한 자보다 심하고, 질투하고 시기하는 마음은 가족이 남보다 심하다. 이럴 때 만약 침착하고 사리에 맞는 마음으로 평안한 기운을 찾지 않으면 괴로운 마음으로 힘든 날이 많을 것이다.

· · ·

炎凉之態 富貴 更甚於貧賤 妬忌之心 骨肉 尤狠於外人
염 량 지 태　부 귀　갱 심 어 빈 천　투 기 지 심　골 육　우 한 어 외 인

此處 若不當以冷腸 御以平氣 鮮不日坐煩惱障中矣
차 처　약 부 당 이 랭 장　어 이 평 기　선 불 일 좌 번 뇌 장 중 의

御(다스릴 어), 煩(괴로워할 번), 惱(괴로워할 뇌)

공로와 허물을 혼동해서는 안 된다

공로와 허물은 조금도 혼동해서는 안 되니 혼동하면 사람들이 게으른 마음을 가질 것이다. 은혜와 원한은 밝혀서 널리 알리지 말아야 하니 밝히면 사람들이 배신하는 마음을 품게 될 것이다.

功過 不容少混 混則人懷惰墮之心 恩仇 不可太明 明則
공 과 불 용 소 혼 혼 즉 인 회 타 타 지 심 은 구 불 가 태 명 명 즉

人起携貳之志
인 기 휴 이 지 지

混(섞일 혼), 惰(게으를 타), 携(끌 휴), 貳(두 이)

지나치게 고상하면 허물이 된다

● ●

벼슬과 지위는 너무 높지 말아야 하니 너무 높으면 위태
롭다. 쉽게 할 수 있는 일은 있는 힘을 다 쓰지 말아야 하
니 힘을 다 쓰면 쇠약해진다. 행실은 너무 고상하지 말아
야 하니 너무 고상하면 비난을 받고 허물이 될 것이다.

● ● ●

爵位 不宜太盛 太盛則危 能事 不宜盡畢 盡畢則衰 行
작 위　불 의 태 성　태 성 즉 위　능 사　불 의 진 필　진 필 즉 쇠　행

誼 不宜過高 過高則謗興而毀來
의　불 의 과 고　과 고 즉 방 흥 이 훼 래

盛(담을 성), 畢(마칠 필), 誼(옳을 의), 謗(헐뜯을 방), 毀(비방할 훼)

숨겨진 악은 재앙이 크다

··

악은 숨어 있는 것을 싫어하고, 선은 드러내는 것을 싫어
한다. 그러므로 드러난 악은 재앙이 적고 숨은 악은 재앙
이 크며, 드러난 선은 공적이 적고 숨은 선은 공적이 크다.

···

惡忌陰 善忌陽 故 惡之顯者 禍淺 而隱者 禍深 善之顯
악 기 음 선 기 양 고 악 지 현 자 화 천 이 은 자 화 심 선 지 현

者 功小 而隱者 功大
자 공 소 이 은 자 공 대

顯(드러날 현), 隱(숨길 은)

155

덕은 재능의 주인이며
재능은 덕의 종이다

••

덕은 재능의 주인이고 재능은 덕의 종이다. 재능은 있어
도 덕이 없으면 집에 주인이 없어 종이 일을 마음대로 하
는 것과 같으니 어찌 도깨비가 날뛰지 않겠는가.

•••

德者 才之主 才者 德之奴 有才無德 如家無主而奴用事
덕 자　재 지 주　재 자　덕 지 노　유 재 무 덕　여 가 무 주 이 노 용 사

矣幾何不魍魎而猖狂
의 기 하 불 망 량 이 창 광

魍(도깨비 망), 魎(도깨비 량), 猖(미쳐 날뛸 창)

156

제 5 부

菜根譚

궁지로 몰아도 길 하나는 내줘라

간사하고 악독한 자를 제거하고 아첨하는 무리를 막으려면 그들이 물러갈 수 있는 길 하나는 터줘야 한다. 마치 쥐구멍을 막듯이 모든 길을 막아버린다면 좋은 물건을 모두 물어뜯어서 파괴할 것이다.

鋤奸杜倖 要放他一條去路 若使之一無所容 譬如塞鼠穴
서 간 두 행　요 방 타 일 조 거 로　약 사 지 일 무 소 용　비 여 색 서 혈

者 一切去路都塞盡 則一切好物俱咬破矣
자　일 체 거 로 도 색 진　즉 일 체 호 물 구 교 파 의

鋤(없앨 서), 倖(아첨할 행), 譬(비유할 비), 鼠(쥐 서), 咬(물을 교)

허물은 함께할지언정
공은 함께하지 마라

허물은 다른 사람과 함께할지라도 공은 함께하지 말아야
한다. 공을 함께하면 서로 시기하게 된다. 다른 사람과 근
심과 재난은 함께할지라도 편안함과 즐거움은 함께하지
말아야 하니, 편안하면 서로 원수가 된다.

當與人同過　不當與人同功　同功則相忌　可與人共患難
당 여 인 동 과　부 당 여 인 동 공　동 공 즉 상 기　가 여 인 공 환 난

不可與人共安樂　安樂則相仇
불 가 여 인 공 안 락　안 락 즉 상 구

忌(질투할 기), 仇(원수 구)

한마디 말로도 공덕을 이룰 수 있다

••

선비라도 가난하여 사람을 돕지 못하는 자는 다른 사람이
어리석어 방황할 때 한마디 말로 이끌어 일깨워주고 다른
사람의 위급함을 보았을 때 한마디 말로 구해주는 것 또
한 헤아릴 수 없는 공덕이다.

•••

士君子 貧不能濟物者 遇人痴迷處 出一言提醒之 遇人
사군자 빈불능제물자 우인치미처 출일언제성지 우인

急難處 出一言解救之 亦是無量功德
급난처 출일언해구지 역시무량공덕

迷(헤맬 미), 醒(깨달을 성)

덕은 자신의 그릇에 따라 쌓인다

덕은 자신의 그릇에 따라 쌓이며, 자신의 그릇은 학식과 견문으로 자란다. 그러므로 덕을 두텁게 쌓고 싶다면 자신의 그릇을 넓혀야 하고, 자신의 그릇을 넓히고자 한다면 학식과 견문을 키워야 한다.

德隨量進 量由識長 故 欲厚其德 不可不弘其量 欲弘其
덕 수 량 진　양 유 식 장　고　욕 후 기 덕　불 가 불 홍 기 량　욕 홍 기

量 不可不大其識
량　불 가 불 대 기 식

隨(따를 수), 量(헤아릴 량)

새벽은 자신을 돌아보기 좋은 때다

•••

등잔불이 깜박이고 고요한 밤은 우리가 편히 잠들 때다. 새벽꿈에서 막 깨어나 많은 것들이 아직 움직이지 않을 때가 혼돈에서 벗어날 때다. 이때를 틈타 자신에게 빛을 돌려 환하게 비춰보면 비로소 이목구비가 모두 우리를 속박하는 것들이고 정욕과 즐기는 것은 모두 심신을 구속하는 기계라는 사실을 알게 될 것이다.

•••

一燈螢然 萬籟無聲 此吾人初入宴寂時也 曉夢初醒 群
일등형연 만뢰무성 차오인초입연적시야 효몽초성 군

動未起 此吾人初出混沌處也 乘此而一念廻光 炯然返照
동미기 차오인초출혼돈처야 승차이일념회광 형연반조

始知耳目口鼻 皆桎梏 而情欲嗜好 悉機械矣
시지이목구비 개질곡 이정욕기호 실기계의

曉(새벽 효), 返(돌아올 반), 桎(막을 질), 梏(묶을 곡)

162

굳은 절개는 천 년이 하루와 같다

• •

사업과 학문은 몸을 따라 사라지지만 정신은 영원히 새로우며, 이름을 드높이는 성공과 부귀는 세상을 따라 옮겨가지만 굳은 절개는 천 년이 하루와 같다. 그러므로 군자는 저것으로 이것을 바꾸지 말아야 한다.

• • •

事業文章 隨身銷毀 而精神 萬古如新 功名富貴 逐世轉
사 업 문 장 수 신 소 훼 이 정 신 만 고 여 신 공 명 부 귀 축 세 전

移 而氣節 千載一日 君子 信不當以彼易此也
이 이 기 절 천 재 일 일 군 자 신 부 당 이 피 역 차 야

逐(따를 축), 轉(구를 전), 移(옮길 이), 載(실을 재)

자기반성이 좋은 약이다

● ●

자신을 반성하는 자는 부딪치는 일마다 모두 약과 침이
되고, 남을 나무라는 자는 생각하는 것마다 모두 해치는
무기가 된다. 하나는 이것으로 모든 선의 길을 열고, 하나
는 이것으로 모든 악의 근원을 이루니 그 차이는 하늘과
땅이다.

● ● ●

反己者 觸事 皆成藥石 尤人者 動念 卽是戈矛 一以闢
반기자 촉사 개성약석 우인자 동념 즉시과모 일이벽

衆善之路 一以濬諸惡之源 相去霄壤矣
중선지로 일이준제악지원 상거소양의

闢(열 벽), 濬(깊을 준), 諸(모든 제), 源(근원 원)

기는 놈 위에 나는 놈이 있다

물고기 그물을 쳐놓으니 기러기가 그 속에 걸리고, 사마귀가 먹이를 찾는 곳에 참새가 그 뒤를 노린다. 작은 꾀속에 다른 작은 꾀가 감추어져 있고, 예상 밖의 일 속에 다른 예상 밖의 일이 생기니 사람의 지혜와 꾀를 어찌 믿겠는가.

魚網之設 鴻則罹其中 螳螂之貪 雀又乘其後 機裡藏機
어 망 지 설 홍 즉 리 기 중 당 랑 지 탐 작 우 승 기 후 기 리 장 기

變外生變 智巧 何足恃哉
변 외 생 변 지 교 하 족 시 재

鴻(큰 기러기 홍), 螳(사마귀 당), 螂(사마귀 랑), 雀(참새 작), 哉(어조사 재)

진실한 마음을 지녀야 한다

· ·

사람이 되어 한 점의 참된 생각이 없으면 곧 거지가 되어 일마다 거짓되고 공허할 것이다. 세상을 살아가는 데 원활한 활동이 없으면 이는 곧 나무나 돌처럼 아무런 감정이 없는 사람과 같으니 가는 곳마다 방해가 될 것이다.

· · ·

作人 無點眞懇念頭 便成個花子 事事皆虛 涉世 無段圓
작인 무점진간념두 변성개화자 사사개허 섭세 무단원

活機趣 便是個木人 處處有碍
활기취 변시개목인 처처유애

懇(힘쓸 간), 碍(방해할 애)

흐린 것을 없애면 저절로 맑아진다

··

물은 물결이 없으면 저절로 고요하고, 거울은 가리지 않
으면 저절로 맑을 것이다. 그러므로 마음은 애써 맑게 하
지 않아도 그것을 흐리게 하는 것만 없애면 저절로 맑아
지며, 즐거움은 일부러 찾지 않아도 그 괴롭게 하는 것만
버리면 즐거움이 저절로 있을 것이다.

···

水不波則自定 鑑不翳則自明 故 心無可淸 去其混之者
수 불 파 즉 자 정　감 불 예 즉 자 명　고　심 무 가 청　거 기 혼 지 자

而淸自現 樂不必尋 去其苦之者 而樂自存
이 청 자 현　낙 불 필 심　거 기 고 지 자　이 락 자 존

翳(가릴 예), 混(흐릴 혼), 尋(찾을 심)

매사에 급하게 서두르지 마라

급하게 서둘러도 풀리지 않던 일이 너그럽게 하면 간혹 저절로 풀리게 된다. 그러니 급하게 서둘러 그 분노를 폭발시키지 말며, 부려도 따르지 않는 사람은 놓아두면 따르는 수가 있으니 성급하게 부려서 완고함만 더하지 마라.

事有急之不白者 寬之或自明 毌躁急以速其忿 人有操之
사 유 급 지 불 백 자　관 지 혹 자 명　무 조 급 이 속 기 분　인 유 조 지

不從者 縱之或自化 毌操切以益其頑
부 종 자　종 지 혹 자 화　무 조 절 이 익 기 완

躁(성급할 조), 操(부릴 조), 頑(완고할 완)

재앙은 작은 일에서 비롯한다

  ••

하나의 생각으로 귀신이 금하는 영역을 범하며, 한마디
말로 세상의 조화를 깨뜨리고, 한 가지 일로 자손의 재앙
을 빚는 것이니 가장 경계해야 한다.

  •••

有一念而犯鬼神之禁 一言而傷天地之和 一事而釀子孫
유 일 념 이 범 귀 신 지 금 일 언 이 상 천 지 지 화 일 사 이 **양** 자 손

之禍者 最宜切戒
지 화 자 최 의 절 계

釀(빚을 양), 宜(마땅히 의)

문장에도 덕성이 있어야 한다

절개와 의리가 청운靑雲(높은 지위나 벼슬)도 내려다볼 만하고, 문장이 백설白雪曲(중국 초나라 때 가곡 중 하나로 뛰어난 시를 의미한다)보다 높아도 만약 그것이 덕성으로 수양한 것이 아니라면 결국은 사사로운 혈기이며 잔재주가 될 뿐이다.

節義 傲靑雲 文章 高白雪 若不以德性陶鎔之 終爲血氣
절의 오청운 문장 고백설 약불이덕성도용지 종위혈기

之私 技能之末
지사 기능지말

傲(거만할 오), 陶(기를 도), 鎔(녹일 용)

때를 알아 처신하라

일을 그만두려면 마땅히 왕성한 시기에 물러나야 하고,
자리를 잡으려면 마땅히 홀로 뒤떨어진 자리를 잡아야
한다.

謝事 當謝於正盛之時 居身 宜居於獨後之地
사 사 당 사 어 정 성 지 시 거 신 의 거 어 독 후 지 지

盛(성할 성), 居(살 거)

산골의 늙은이와 벗할지라도 권세에 아부하지 않는다

장사치와 사귀는 것은 산골의 늙은이를 친구로 삼는 것만 못하며, 권문세가를 찾아다니는 것은 가난한 초가집 사람과 친한 것만 못하다. 거리의 뜬소문을 듣는 것은 나무꾼의 노래와 목동의 피리소리를 듣는 것만 못하며, 요즘 사람의 덕 없음과 허물 있는 행동을 말하는 것은 옛사람의 아름다운 말과 맑은 행실을 이야기하는 것만 못하다.

交市人　不如友山翁　謁朱門　不如親白屋　聽街談巷語　不
교 시 인　불 여 우 산 옹　알 주 문　불 여 친 백 옥　청 가 담 항 어　불

如聞樵歌牧詠　談今人失德過擧　不如述古人嘉言懿行
여 문 초 가 목 영　담 금 인 실 덕 과 거　불 여 술 고 인 가 언 의 행

翁(늙은이 옹), 謁(아뢸 알), 巷(거리 항), 樵(나무꾼 초), 懿(아름다울 의)

자신의 덕성을 깨달아라

••

옛사람이 "제 집에 있는 많은 것들은 버려두고 남의 집에
동냥하며 거지 노릇을 하는가" 하고, 또 "갑자기 부자가
된 거지의 꿈 같은 이야기는 그만두라. 자기 부엌인들 불
때면 연기 없으랴" 말했다. 하나는 가지고도 모르는 것을
경계하는 것이고, 하나는 가진 것을 자랑함을 경계한 것
이니 학문의 절실한 훈계로 삼아라.

•••

前人 云 抛却自家無盡藏 沿門持鉢效貧兒 又云 暴富貧
전 인 운 포 각 자 가 무 진 장 연 문 지 발 효 빈 아 우 운 폭 부 빈

兒休說夢 誰家竈裡火無烟 一箴自昧所有 一箴自誇所有
아 휴 설 몽 수 가 조 리 화 무 연 일 잠 자 매 소 유 일 잠 자 과 소 유

可爲學問切戒
가 위 학 문 절 계

暴(갑자기 폭), 竈(부엌 조), 烟(연기 연), 箴(경계할 잠)

175

도는 누구나 배워야 한다

• •

도는 많은 사람들의 것이니 마땅히 사람마다 이끌어 인도
해야 한다. 학문은 한낱 예사로운 집의 끼니이니 마땅히
일마다 깨우쳐 경계해야 한다.

• • •

道 是一重公衆物事　當隨人而接引　學 是一個尋常家飯
도　시 일 중 공 중 물 사　당 수 인 이 접 인　학　시 일 개 심 상 가 반

當隨事而警惕
당 수 사 이 경 척

引(끌 인), 尋(보통 심), 惕(삼갈 척)

176

자신을 속이는 자가 남을 의심한다

남을 믿는 자는 남이 반드시 모두 성실하지 않더라도 자신만은 홀로 성실하기 때문이다. 남을 의심하는 자는 남이 반드시 모두 속이는 것이 아닌데도 자신이 먼저 속이기 때문에 그런 것이다.

信人者 人未必盡誠 己則獨誠矣 疑人者 人未必皆詐 己
신인자 　인미필진성　기즉독성의　의인자　인미필개사　기

則先詐矣
즉 선 사 의

盡(모두 진), 誠(진실 성), 獨(홀로 독)

너그러운 자는 만물에 생기를 준다

··

마음이 너그럽고 두터운 사람은 봄바람이 따뜻하게 만물을 길러주는 듯하여 만물이 그를 만나면 살아난다. 마음에 질투가 많고 인정이 없는 사람은 북녘 땅의 눈이 차갑게 얼어붙게 하는 것과 같아 만물이 그를 만나면 죽게 된다.

···

念頭寬厚的 如春風煦育 萬物 遭之而生 念頭忌刻的 如
염두관후적 여춘풍후육 만물 조지이생 염두기각적 여

朔雪陰凝 萬物 遭之而死
삭설음응 만물 조지이사

煦(따뜻할 후), 遭(만날 조), 朔(북녘 삭), 凝(추울 응)

179

선행의 이로움은 저절로 자란다

••

선한 행동을 했는데 그 이로움이 보이지 않는다고 해도
그것은 풀 속의 동과冬瓜(박과의 한해살이 식물)와 같아 모르
는 사이에 저절로 자란다. 악한 행동을 하고도 그 손해를
보지 않는 것은 뜰 앞의 봄눈과도 같아 반드시 남모르게
스러지게 된다.

•••

爲善　不見其益　如草裡冬瓜　自應暗長　爲惡　不見其損
위선　불견기익　여초리동과　자응암장　위악　불견기손

如庭前春雪　當必潛消
여정전춘설　당필잠소

應(응당 응), 損(손해 볼 손), 潛(잠길 잠)

옛 친구를 만나면
적극적으로 마음을 새롭게 하라

• •

옛 친구를 만나면 기세를 적극적으로 하여 마음을 더욱
새롭게 해야 하고, 은밀한 일에 처하면 마음을 더욱 분명
히 하며, 늙어 쇠약한 사람을 대할 때는 은혜와 예를 더욱
정중하고 극진하게 해야 한다.

• • •

遇故舊之交　意氣要愈新　處隱微之事　心迹宜愈顯　待衰
우 고 구 지 교　의 기 요 유 신　처 은 미 지 사　심 적 의 유 현　대 쇠

朽之人　恩禮當愈隆
후 지 인　은 례 당 유 룽

愈(더욱 유), 微(숨길 미), 顯(드러낼 현), 隆(극진할 룽)

검소함을 빌려 인색함을 꾸미지 마라

●●

부지런함은 덕성과 신의에 재빨라야 하지만 세상 사람들
은 오히려 부지런함을 빌려 그 가난을 벗어난다. 검소한
자는 재물의 이로움에 욕심이 없어야 하지만 세상 사람들
은 오히려 검소함을 빌려 그 인색함을 꾸민다. 군자의 몸
을 지키는 굳은 생각이 도리어 소인의 사사로운 이익을
영위하는 도구가 되니 애석한 일이다.

●●●

勤者 敏於德義 而世人 借勤以濟其貧 儉者 淡於貨利
근 자　민 어 덕 의　이 세 인　차 근 이 제 기 빈　검 자　담 어 화 리

而世人 假儉以飾其吝 君子持身之符 反爲小人營私之
이 세 인　가 검 이 식 기 린　군 자 지 신 지 부　반 위 소 인 영 사 지

具矣惜哉
구 의 석 재

敏(재빠를 민), 借(빌 차), 假(빌 가), 飾(꾸밀 식), 營(경영할 영), 惜(아까울 석)

세속의 더러움에 물들지 않는다면 진정 청렴한 사람이다

••

세속에서 벗어날 수 있다면 이것이 바로 보통 사람이 아닌 기인이니, 일부러 기이함을 숭상하는 자는 기인이 아닌 이상한 사람이 된다. 세속의 더러움에 섞이지 않으면 이것이 바로 욕심 없이 맑으며 성품이 바른 사람이니 세속을 벗어나 맑고 바른 것을 구하는 자는 청렴한 사람이 아닌 과격한 사람이 된다.

•••

能脫俗 便是奇 作意尙奇者 不爲奇而爲異 不合汚 便是
능 탈 속   변 시 기   작 의 상 기 자   불 위 기 이 위 리   불 합 오   변 시

淸 絶俗求淸者 不爲淸而爲激
청   절 속 구 청 자   불 위 청 이 위 격

尙(숭상할 상), 絶(끊을 절), 激(과격할 격)

183

자신의 허물을 용서해서는 안 된다

• •

남의 허물은 마땅히 용서해야 하지만 자신의 허물은 용서
해서는 안 된다. 내가 당한 심한 모욕은 마땅히 참아야 하
겠지만 남이 당한 것을 참아서는 안 된다.

• • •

人之過誤 宜恕 而在己則不可恕 己之困辱 當忍 而在人
인 지 과 오   의 서   이 재 기 즉 불 가 서   기 지 곤 욕   당 인   이 재 인

則不可忍
즉 불 가 인

恕(용서할 서), 辱(욕되게 할 욕)

184

먼저 엄하고 나중에 너그럽게 하라

••

은혜는 처음에 담담하게 베풀다가 후에 점점 짙고 정성을
다해 베풀어야 하니 먼저 짙고 뒤에 엷으면 사람은 그 은
혜를 잊기 마련이다. 위엄은 마땅히 엄격함에서 너그러움
으로 나아가야 하나 먼저 너그럽고 뒤에 엄하면 사람이
그 혹독함을 원망하게 된다.

•••

恩宜自淡而濃　先濃後淡者　人忘其惠　威宜自嚴而寬　先
은 의 자 담 이 농　선 농 후 담 자　인 망 기 혜　위 의 자 엄 이 관　선

寬後嚴者　人怨其酷
관 후 엄 자　인 원 기 혹

宜(마땅히 의), 濃(짙을 농), 威(위엄 위), 酷(독할 혹)

186

뜻이 고요하면 마음이 맑아진다

●●

마음을 비우면 본성이 나타나니 마음을 쉬지 않고 본성을
보려고 하는 것은 물결을 헤치면서 달을 찾는 것과 같다.
뜻이 고요하면 마음이 맑아지니 뜻을 밝게 하지 않고 밝
은 마음을 구하는 것은 거울을 보면서 그 거울에 먼지를
더하는 것과 같다.

●●●

心虛則性現　不息心而求見性　如撥波覓月　意淨則心淸
심허즉성현　불식심이구견성　여발파멱월　의정즉심청

不了意而求明心　如索鏡增塵
불료의이구명심　여색경증진

覓(찾을 멱), 索(찾을 색)

남이 받들어주는 것을 기뻐하지 마라

내 몸이 귀하게 되어 남이 나를 받드는 것은 높은 관과 큰 띠를 받드는 것이며, 내 몸이 미천하여 남이 나를 업신여기는 것은 베옷과 짚신을 업신여기는 것이다. 그렇다면 본디 나를 받드는 것이 아니니 내 어찌 기뻐할 것이며, 본디 나를 업신여기는 것이 아니니 내 어찌 화를 내겠는가.

我貴而人奉之　奉此峨冠大帶也　我賤而人侮之　侮此布衣
아 귀 이 인 봉 지　봉 차 아 관 대 대 야　아 천 이 인 모 지　모 차 포 의

草履也　然則原非奉我　我胡爲喜　原非侮我　我胡爲怒
초 리 야　연 즉 원 비 봉 아　아 호 위 희　원 비 모 아　아 호 위 노

奉(받들 봉), 侮(업신여길 모)

188

하찮은 생명에도 자비를 베풀라

●●

쥐를 위해 항상 밥을 남기고 불나방을 불쌍히 여겨 등잔
에 불을 켜지 않는다 했다. 옛사람의 이런 마음이야말로
인간이 태어나고 자라게 하는 하나의 작용이니, 이것이
없으면 한낱 흙이나 나무의 형체일 뿐이다.

●●●

爲鼠常留飯 憐蛾不點燈 古人此等念頭 是吾人一點生生
위 서 상 류 반 연 아 부 점 등 고 인 차 등 념 두 시 오 인 일 점 생 생

之機 無此 便所謂土木形骸而已
지 기 무 차 변 소 위 토 목 형 해 이 이

鼠(쥐 서), 憐(불쌍히 여길 연), 謂(이를 위)

마음은 하늘의 변화와 같다

마음의 바탕은 하늘과 같으니 한때의 기쁨은 반짝이는 별
이며 상서로운 구름이고, 한때의 노여움은 성난 우레와 사
나운 비다. 한때의 자비는 따뜻한 바람이며 달콤한 이슬이
고, 한때의 엄숙함은 뜨거운 햇볕이며 가을 서리니 어느
것도 없어서는 안 된다. 다만 그것이 때 맞춰 일어나고 없
어져 막힘이 없으면 마음도 하늘과 함께할 것이다.

心體 便是天體 一念之喜 景星慶雲 一念之怒 震雷暴雨
심 체　변 시 천 체　일 념 지 희　경 성 경 운　일 념 지 노　진 뢰 폭 우

一念之慈 和風甘露 一念之嚴 烈日秋霜 何者少得 只要
일 념 지 자　화 풍 감 로　일 념 지 엄　열 일 추 상　하 자 소 득　지 요

隨起 隨滅 廓然無碍 便與太虛同體
수 기　수 멸　확 연 무 애　변 여 태 허 동 체

霜(서리 상), 滅(멸망할 멸), 廓(클 확), 碍(가로막을 애)

이익과 손해를 떠나
일에 몰두하라

··

일을 의논하는 자는 몸을 일 밖에 두어서 이익과 손해의
사정을 알아야 하고, 일을 맡은 자는 몸을 일 가운데 두어
서 이익과 손해의 생각을 잊어야 한다.

···

議事者 身在事外 宜悉利害之情 任事者 身居事中 當忘
의 사 자　신 재 사 외　의 실 리 해 지 정　임 사 자　신 거 사 중　당 망

利害之慮
리 해 지 려

議(의논할 의), 悉(모두 실), 慮(생각할 려)

제6부

菜根譚

권력과 세력을 가진 자는
엄격해야 한다

••

선비가 권력과 세력을 가진 중요한 직책에 있으면 의지는
엄격하고 몸가짐은 바르게 해야 하며, 마음은 온화하고
까다롭지 않게 해야 한다. 조금이라도 더럽고 추악한 무
리들을 가까이하지 말 것이며, 너무 격렬하여 벌떼와 전
갈의 독을 건드리지 마라.

•••

士君子　處權門要路　操履要嚴明　心氣要和易　毋少隨而
사군자　처권문요로　조리요엄명　심기요화이　무소수이

近腥羶之黨　亦毋過激而犯蜂蠆之毒
근성전지당　역무과격이범봉채지독

羶(누린내 전), 蜂(벌 봉), 蠆(전갈 채)

194

원만하고 온화한 기색이
몸을 보전하는 보배다

· ·

굳은 신념과 의리를 내세우는 자는 반드시 신념과 의리로
인해 비난을 받고, 도덕과 학문을 내세우는 자는 항상 도
덕과 학문으로 인해 허물을 부르게 된다. 그러므로 군자
는 악한 일을 가까이하지 말고 또한 명성을 내세우지 말
아야 하니, 다만 원만하고 온화한 기색만이 몸을 보전하
는 보배가 된다.

· · ·

標節義者 必以節義受謗 榜道學者 常因道學招尤 故 君
표 절 의 자 필 이 절 의 수 방 방 도 학 자 상 인 도 학 초 우 고 군

子 不近惡事 亦不立善名 只渾然和氣 纔是居身之珍
자 불 근 악 사 역 불 립 선 명 지 혼 연 화 기 재 시 거 신 지 진

標(나타낼 표), 謗(비방 방), 珍(보배 진)

남을 변화시키는 인품을 지녀라

••

남을 잘 속이는 사람을 만나면 정성스러운 마음으로 감동
시키고, 포악한 사람을 만나면 온화함으로 바람직하게 변
화시키며, 사악함에 빠져 사사로운 이익만을 꾀하는 자를
만나거든 마땅히 지켜야 할 도리나 씩씩한 기상과 굳은
절개로 격려한다면 천하는 내 인품 안에 모두 들어올 것
이다.

•••

遇欺詐的人 以誠心感動之 遇暴戾的人 以和氣薰蒸之
우 기 사 적 인 이 성 심 감 동 지 우 폭 려 적 인 이 화 기 훈 증 지

遇傾邪私曲的人 以名義氣節激勵之 天下 無不入我陶冶
우 경 사 사 곡 적 인 이 명 의 기 절 격 려 지 천 하 무 불 입 아 도 야

中矣
중 의

欺(속일 기), 暴(사나울 폭), 戾(사나울 려), 薰(향풀 훈), 蒸(나아갈 증), 傾(기울 경),
勵(힘쓸 려)

본래의 마음을 잃지 않으면
정정당당한 사람이 된다

••

공덕과 업적을 뽐내고 문장을 자랑하는 것은 모두 외부에 의지하여 이루어진 사람이기 때문이다. 마음의 본바탕이 밝아서 그 본래의 생김새를 잃지 않으면 비록 한 치의 업적이나 한낱 문장이 없다고 해도 스스로 정정당당한 사람이 된다.

•••

誇逞功業 炫耀文章 皆是靠外物做人 不知心體瑩然 本
과 령 공 업　현 요 문 장　개 시 고 외 물 주 인　부 지 심 체 영 연　본

來不失 卽無寸功隻字 亦自有堂堂正正做人處
래 불 실　즉 무 촌 공 척 자　역 자 유 당 당 정 정 주 인 처

逞(왕성할 령), 炫(자랑할 현), 靠(의지할 고), 隻(단 하나의 척), 做(지을 주)

197

자비로운 마음은
세상의 온화한 기색을 빚는다

· ·

한 생각의 자비로운 마음은 세상의 온화한 기색을 빚을
것이며, 한 치 마음의 결백은 향기로운 이름을 오랫동안
선명하게 드리울 것이다.

· · ·

一念慈詳 可以醞釀兩間和氣 寸心潔白 可以昭垂百代淸
일 념 자 상 가 이 온 양 량 간 화 기 촌 심 결 백 가 이 소 수 백 대 청

芬
분

醞(빚을 온), 釀(빚을 양), 芬(향기로울 분)

평소에 그 참맛을 알아야 한다

••

바쁜 가운데 한가로움을 얻으려면 한가로운 때 마음의 줏
대를 세워놓아야 하고, 시끄러운 가운데 고요함을 가지려
거든 모름지기 고요한 때 마음을 세워두어야 한다. 그렇지
않으면 환경에 따라 달라지고, 일에 따라 흔들린다.

•••

忙裡 要偸閒 須先向閒時討個把柄 鬧中 要取靜 須先從
망리 요 투 한 수 선 향 한 시 토 개 파 병 요 중 요 취 정 수 선 종

靜處立個主宰 不然 未有不因境而遷 隨事而靡者
정 처 립 개 주 재 불 연 미 유 불 인 경 이 천 수 사 이 미 자

偸(탐낼 투), 討(다스릴 토), 鬧(시끄러울 뇨), 遷(변할 천), 靡(쓰러질 미)

세상을 위해 마음을 세우자

자신의 마음을 어둡게 하지 말고, 인정에 야박하지 말며,
재물을 다 쓰지 말아야 한다. 이 세 가지는 세상을 위해
마음을 세우고, 백성을 위해 목숨을 세우며, 자손을 위해
복을 만드는 것이다.

不昧己心 不盡人情 不竭物力 三者 可以爲天地立心 爲
불 매 기 심　부 진 인 정　불 갈 물 력　삼 자　가 이 위 천 지 립 심　위

生民立命 爲子孫造福
생 민 립 명　위 자 손 조 복

竭(다할 갈), 孫(자손 손)

행실이 바르고 탐욕이 없으면
위엄이 생길 것이다

벼슬살이에는 두 마디 말이 있으니 공평하면 밝은 지혜가 생기고, 행실이 바르고 탐욕이 없으면 위엄이 생긴다고 한다. 가정살이에는 두 마디 말이 있으니 너그러우면 불평이 없고, 검소하면 쓰임이 넉넉하다.

居官 有二語 曰 惟公則生明 惟廉則生威 居家 有二語
거 관 유 이 어 왈 유 공 즉 생 명 유 렴 즉 생 위 거 가 유 이 어

曰 惟恕則情平 惟儉則用足
왈 유 서 즉 정 평 유 검 즉 용 족

廉(청렴할 렴), 威(위엄 위)

사람을 사귈 때는 모든 것을 너그럽게 감싸야 한다

· ·

몸가짐은 지나치게 깨끗하고 빈틈없이 하지 말고 때 묻고 더러움을 모두 용납해야 한다. 다른 사람과 사귈 때 너무 분명하게 하지 말아야 하니 모든 선과 악, 현명함과 어리석음을 너그럽게 감싸줘야 한다.

· · ·

持身 不可太皎潔 一切汚辱垢穢 要茹納得 與人 不可太
지 신 불 가 태 교 결 일 체 오 욕 구 예 요 여 납 득 여 인 불 가 태

分明 一切善惡賢愚 要包容得
분 명 일 체 선 악 현 우 요 포 용 득

辱(욕되게 할 욕), 垢(때 구), 穢(더러울 예), 納(바칠 납)

부유할 때
가난한 사람의 고통을 생각하라

●●

부유하고 높은 지위에 있을 때는 가난하고 천한 사람의
고통을 알아야 하고, 젊은 시절에는 모름지기 늙고 쇠약
한 사람의 괴로움을 생각해야 한다.

●●●

處富貴之地 要知貧賤的痛癢 當少壯之時 須念衰老的辛
처 부 귀 지 지　요 지 빈 천 적 **통 양**　당 소 장 지 시　수 념 쇠 로 적 신

酸
산

痛(아플 통), 癢(가려울 양), 酸(슬플 산)

이치를 고집하는 병은 고치기 어렵다

· ·

한순간의 충동으로 일어나는 욕심 때문에 제멋대로 행동하는 병은 고칠 수 있어도 이치를 고집하는 병은 고치기 어려우며, 사물의 장애는 없앨 수 있어도 의리의 장애는 없앨 수 없다.

· · ·

縱欲之病 可醫 而執理之病 難醫 事物之障 可除 而義
종 욕 지 병　가 의　이 집 리 지 병　난 의　사 물 지 장　가 제　이 의

理之障 難除
리 지 장　난 제

醫(치료할 의), 除(버릴 제)

수양은 백 번 단련한 쇠와 같아야 한다

••

몸을 갈고닦는 것은 마땅히 백 번 단련한 쇠와 같아야 한다. 급하게 나아가는 것은 깊은 수양이 아니며 일을 행하는 자는 모름지기 천 균鈞(균은 서른 근을 의미하므로 천 균은 삼만 근에 해당한다)의 활과 같아야 하니 가볍게 행하는 것은 큰 공이 없다.

•••

磨礪 當如百煉之金 急就者 非邃養 施爲 宜似千鈞之弩
마려　당여백련지금　급취자　비수양　시위　의사천균지노

輕發者 無宏功
경발자　무굉공

礪(갈 려), 邃(깊을 수), 鈞(서른 근 균), 弩(쇠뇌 노)

군자의 꾸짖음으로 자신을 바로잡아라

• •

차라리 소인에게 꺼림과 헐뜯음을 당할지언정 소인의 아첨과 사랑은 받지 말며, 차라리 군자의 꾸짖음과 바로잡음을 받을지언정 군자의 감싸줌은 받지 마라.

• • •

寧爲小人所忌毀　毋爲小人所媚悅　寧爲君子所責修　毋爲
영 위 소 인 소 기 훼　무 위 소 인 소 미 열　영 위 군 자 소 책 수　무 위

君子所包容
군 자 소 포 용

媚(아첨할 미), 責(꾸짖을 책)

다른 사람의 선을
의심하지 않는다

..

남의 은혜는 받은 것이 비록 깊더라도 보답하지 않으나,
원한은 비록 얕더라고 갚으며, 남의 악함을 들으면 비록
은밀한 것이라도 의심하지 않으나, 선은 보이는 것이라도
의심한다. 이는 각박함이 극히 심한 것이며 절실히 경계
해야 한다.

...

受人之恩 雖深不報 怨則淺亦報之 聞人之惡 雖隱不疑
수 인 지 은 수 심 불 보 원 즉 천 역 보 지 문 인 지 악 수 은 불 의

善則顯亦疑之 此刻之極 薄之尤也 宜切戒之
선 즉 현 역 의 지 차 각 지 극 박 지 우 야 의 절 계 지

隱(숨길 은), 刻(새길 각)

남을 헐뜯고 비방하는 것은 저절로 밝혀진다

남을 헐뜯고 윗사람에게 고하며 비방하는 사람은 조각구름이 햇빛을 가리는 것과 같아 오래 지나지 않아 스스로 밝혀진다. 아양 떨고 아첨하는 사람은 틈으로 들어오는 바람이 살결에 스며드는 것과 같아 그 해로움을 깨닫지 못한다.

讒夫毁士 如寸雲蔽日 不久自明 媚子阿人 似隙風侵肌
참 부 훼 사　여 촌 운 폐 일　불 구 자 명　미 자 아 인　사 극 풍 침 기

不覺其損
불 각 기 손

讒(중상할 참), 媚(아첨할 미), 隙(틈 극), 肌(살 기)

인생의 말년을 알차게 보내라

하루 해가 저물어도 노을은 오히려 아름답고, 한 해가 장차 저물려 하는데도 귤 향기는 더욱 향기롭다. 그러므로 군자는 인생의 마지막 무렵에 정신을 백 배는 더 새롭게 해야 할 것이다.

日旣暮而猶烟霞絢爛 歲將晚而更橙橘芳馨 故 末路晚年
일 기 모 이 유 연 하 현 란 세 장 만 이 갱 등 귤 방 형 고 말 로 만 년

君子更宜精神百倍
군 자 갱 의 정 신 백 배

暮(저물 모), 霞(놀 하), 絢(무늬 현), 爛(문드러질 란), 橘(귤 귤), 馨(향기 형)

높고 험한 산에는 나무가 없다

높고 험한 산에는 나무가 없으나 계곡이 있는 곳에는 풀과 나무가 무성하며, 물살이 급한 곳에는 고기가 없으나 연못에 물이 고이면 물고기와 자라가 모여든다. 이는 지나치게 높고 뛰어난 행실과 좁고 급한 마음을 경계하는 것이다.

山之高峻處 無木 而谿谷廻環 則草木 叢生 水之湍急處
산 지 고 준 처　무 목　이 계 곡 회 환　즉 초 목　총 생　수 지 단 급 처

無魚 而淵潭停蓄 則魚鼈 聚集 此高絶之行 褊急之衷
무 어　이 연 담 정 축　즉 어 별　취 집　차 고 절 지 행　편 급 지 충

君子重有戒焉
군 자 중 유 계 언

峻(엄할 준), 谿(산골짜기 계), 環(두를 환), 淵(못 연), 蓄(모을 축), 鼈(자라 별), 聚(모일 취), 褊(좁을 편)

212

드러나지 않은 재주가 값지다

••

매가 서 있는 모습은 졸고 있는 것 같고, 호랑이가 가는
모습은 병든 것 같으나, 이것이 바로 남을 움켜잡아 먹는
수단이다. 그러므로 군자는 총명함을 감추고 재능을 나타
내지 않아야 큰 임무를 해낼 수 있는 힘을 갖추게 되는 것
이다.

•••

鷹立如睡　虎行似病　正是他攫人噬人手段處　故　君子　要
응 립 여 수　호 행 사 병　정 시 타 확 인 서 인 수 단 처　고　군 자　요

聰明不露　才華不逞　纔有肩鴻任鉅的力量
총 명 불 로　재 화 불 령　재 유 견 홍 임 거 적 력 량

鷹(매 응), 睡(잘 수), 攫(붙잡을 확), 噬(씹을 서), 聰(귀 밝을 총), 鴻(클 홍), 鉅(클 거)

인색함은 검소함이 아니다

● ●

검소한 것은 미덕이지만 지나치면 인색한 것이 되고 너절하고 치사하게 되며 도리어 맑은 도리를 나쁘게 변화시킨다. 겸손하고 남에게 양보하는 것은 아름다운 행실이지만 지나치면 과한 공손이 되고 비굴함이 되니 이런 것은 모두 꾸미는 마음에서 나오는 것이다.

● ● ●

儉 美德也 過則爲慳吝 爲鄙嗇 反傷雅道 讓 懿行也 過
검　미덕야　과즉위 간 린　위비색　반상아도　양　의행야　과

則爲足恭 爲曲謹 多出機心
즉위족공　위곡근　다출기심

慳(아낄 간), 吝(아낄 린), 嗇(인색할 비), 讓(양보할 양), 謹(삼갈 근)

괴로운 마음을 즐거움으로 바꾸라

••

세상 사람들은 마음에 드는 것을 즐거움으로 삼다가 도리어 즐거운 마음에 이끌려 괴로운 곳에 있게 된다. 모든 것의 이치를 훤히 아는 경지에 이른 선비는 마음에 거슬리는 것을 즐거움으로 삼다가 마침내 괴로운 마음이 즐거움으로 바뀌게 된다.

•••

世人　以心肯處爲樂　却被樂心引在苦處　達士　以心拂處
세인　이심긍처위락　각피락심인재고처　달사　이심불처

爲樂　終爲苦心換得樂來
위락　종위고심환득락래

却(멎을 각), 換(바뀔 환)

어진 사람은 마음이 너그러우니
하는 일마다 너그럽다

··

어진 사람은 마음이 너그러우니 복이 많고 좋은 일이 이어지며 일마다 너그러운 모습을 이룬다. 하지만, 행동이나 성질이 너절한 사람은 생각이 급하니 복도 적고 은혜도 짧아 일마다 규모가 넉넉하지 못하고 답답해진다.

···

仁人 心地寬舒 便福厚而慶長 事事成個寬舒氣象 鄙夫
인인 심지관서 변복후이경장 사사성개관서기상 비부

念頭迫促 便祿薄而澤短 事事得個迫促規模
염두 박 촉 변록박이택단 사사득개박촉규모

寬(너그러울 관), 迫(궁할 박), 促(재촉할 촉), 模(모호할 모)

가득 찬 물은 한 방울의 물도 더해지는 것을 싫어한다

∙∙

가득 차 있는 사람은 마치 물이 넘치려 하면서 아직 넘치지 않은 것과 같으니, 한 방울 물도 더하는 것을 아주 꺼린다. 위급한 상황에 처한 사람은 마치 나무가 꺾이려 하면서도 아직 꺾이지 않은 것과 같으니 조금이라도 더 건드리는 것을 지극히 꺼리는 것이다.

∙∙∙

居盈滿者 如水之將溢未溢 切忌再加一滴 處危急者 如
거 영 만 자　여 수 지 장 일 미 일　절 기 재 가 일 적　처 위 급 자　여

木之將折未折 切忌再加一搦
목 지 장 절 미 절　절 기 재 가 일 닉

盈(가득 찰 영), 折(꺾일 절), 搦(잡을 닉)

다른 사람을 사귈 때는 신중하라

••

남의 악을 듣더라도 곧 미워하지 말아야 하니, 헐뜯고 말을 꾸며 윗사람에게 말하는 자가 분풀이를 할까 두렵다. 선한 말을 듣더라도 급하게 친해지지 말아야 하니, 간사한 자의 출세를 이끌어줄까 두렵다.

•••

聞惡 不可就惡 恐爲讒夫洩怒 聞善 不可急親 恐引奸人
문 악 불 가 취 오 공 위 참 부 설 노 문 선 불 가 급 친 공 인 간 인

進身
진 신

讒(중상할 참), 洩(샐 설)

온화하고 평온한 자는
복이 저절로 모인다

성질이 몹시 급하고 마음이 거친 자는 한 가지 일도 이루
는 것이 없고, 마음이 온화하고 기운이 평온한 자는 온갖
복이 저절로 모인다.

性燥心粗者 一事無成 心和氣平者 百福自集
성조심조자　일사무성　심화기평자　백복자집

燥(마를 조), 粗(거칠 조)

친구를 함부로 사귀면 아첨하는 자가 온다

●●

사람을 부리는 데 인정 없이 삭막하게 하지 말아야 하니,
인정 없이 삭막하게 하면 충실한 자가 떠나간다. 친구는
함부로 사귀지 말아야 하니, 함부로 사귀면 아첨하는 자
가 오게 된다.

●●●

用人 不宜刻 刻則思效者去 交友 不宜濫 濫則貢諛者來
용인　불의각　각즉사효자거　교우　불의람　남즉공유자래

効(본받을 효), 濫(함부로 할 람), 貢(바칠 공), 諛(아첨할 유)

위험에 처해서는 빨리 대처해야 한다

• •

바람이 비껴 불고 빗발이 강한 곳에서는 다리를 꼿꼿이
세워야 한다. 꽃이 가득 피고 버들이 아름다운 곳에서는
눈을 높이 들고 보아야 한다. 길이 위험하고 경사진 곳에
서는 머리를 빨리 돌려야 한다.

• • •

風斜雨急處　要立得脚定　花濃柳艶處　要着得眼高　路危
풍 사 우 급 처　요 립 득 각 정　화 농 류 염 처　요 착 득 안 고　노 위

徑險處　要回得頭早
경 험 처　요 회 득 두 조

斜(비낄 사), 脚(다리 각), 艶(고울 염), 徑(곧을 경)

온화한 마음으로 다툼에서 벗어나라

절개와 의리가 있는 사람은 온화한 마음을 지녀야 비로소
성내며 다투는 길을 열지 않고, 공을 세워 이름을 드높인
사람은 겸손하게 남에게 양보하는 덕으로 보충해야 바야
흐로 질투의 문을 열지 않는다.

節義之人　濟以和衷　纔不啓忿爭之路　功名之士　承以謙
절 의 지 인　제 이 화 충　재 불 계 분 쟁 지 로　공 명 지 사　승 이 겸

德　方不開嫉妬之門
덕　방 불 개 질 투 지 문

啓(열 계), 謙(겸손할 겸), 嫉(시기할 질), 妬(샘낼 투)

224

사소한 일에도 절도를 지켜라

사대부가 벼슬살이를 할 때 편지 한 장이라도 절도 없게 해서는 안 되니, 다른 사람이 보기 어렵게 해서 뜻밖의 행운을 얻을 실마리를 없애야 한다. 시골에 살고 있을 때는 자세를 너무 높이 해서는 안 되니, 다른 사람이 만나기 쉽게 하여 옛 정의를 두텁게 해야 한다.

士大夫居官　不可竿牘無節　要使人難見　以杜倖端　居鄉
사 대 부 거 관　불 가 간 독 무 절　요 사 인 난 견　이 두 행 단　거 향

不可崖岸太高　要使人易見　以敦舊好
불 가 애 안 태 고　요 사 인 이 견　이 돈 구 호

牘(편지 독), 崖(벼랑 애), 岸(언덕 안), 舊(옛 구)

225

나보다 뛰어난 사람을 생각하면 저절로 분발하게 된다

일이 뜻에 조금 어긋날 때는 나보다 못한 사람을 생각하면 원망하고 탓하는 마음이 저절로 사라진다. 마음이 조금 게을러질 때는 나보다 나은 사람을 생각하면 정신이 저절로 떨쳐 일어날 것이다.

事稍拂逆　便思不如我的人　則怨尤自消　心稍怠荒　便思
사초불역　변사불여아적인　즉원우자소　심초태황　변사

勝似我的人　則精神自奮
승사아적인　즉정신자분

稍(약간 초), 尤(더욱 우), 怠(게으름 태), 荒(거칠 황), 奮(떨칠 분)

백성을 어렵게 여겨 바른 일을 행하라

● ●

행실이 바르고 덕이 높은 사람을 두려워해야 하니, 그리
하면 무례하고 건방진 마음이 없어진다. 백성을 두려워해
야 하니, 그리하면 난폭하다는 말은 듣지 않는다.

● ● ●

大人　不可不畏　畏大人則無放逸之心　小民　亦不可不畏
대 인　불 가 불 외　외 대 인 즉 무 방 일 지 심　소 민　역 불 가 불 외

畏小民則無豪橫之名
외 소 민 즉 무 호 횡 지 명

逸(없어질 일), 橫(가릴 횡)

제7부

기분에 따라 행동하지 마라

● ●

기쁘다고 하여 가볍게 일을 승낙하지 말며, 술에 취해 성
내지 마라. 유쾌하다고 하여 일을 많이 하지 말며, 피곤하
다고 하여 끝맺음을 소홀히 하지 마라.

● ● ●

不可乘喜而輕諾 不可因醉而生嗔 不可乘快而多事 不可
불 가 승 희 이 경 낙　불 가 인 취 이 생 진　불 가 승 쾌 이 다 사　불 가

因倦而鮮終
인 권 이 선 종

諾(승낙 낙), 醉(취할 취), 嗔(성낼 진), 倦(게으를 권)

경지에 이르러서야 진정함을 깨닫는다

글을 잘 읽는 자는 글을 읽어서 저절로 춤추는 경지에 이르러서야 바야흐로 문자와 어구에 빠지지 않는다. 사물을 잘 관찰한 자는 사물을 관찰하여 마음과 정신이 융합하는 때에 이르러서야 바야흐로 겉모습에 얽매이지 않는다.

善讀書者　要讀到手舞足蹈處　方不落筌蹄　善觀物者　要
선 독 서 자　요 독 도 수 무 족 도 처　방 불 락 전 제　선 관 물 자　요

觀到心融神洽時　方不泥迹象
관 도 심 융 신 흡 시　방 불 니 적 상

蹈(춤출 도), 筌(통발 전), 蹄(올무 제), 泥(진흙 니), 迹(자취 적)

하늘은 한 사람의 현명함으로 많은 사람의 어리석음을 깨우친다

●●

하늘이 한 사람을 현명하게 해서 많은 사람의 어리석음을 깨우치게 하지만, 세상에는 도리어 내 장점을 드러내 남의 단점을 들춰내는 이가 많다. 하늘은 한 사람을 부유하게 해서 많은 사람의 가난함을 구제하려 하지만, 세상에는 자신이 가진 것을 믿고 남의 가난함을 업신여기는 이가 있으니 진실로 하늘의 벌을 받을 사람이다.

●●●

天賢一人　以誨衆人之愚　而世反逞所長　以形人之短　天
천 현 일 인　이 회 중 인 지 우　이 세 반 령 소 장　이 형 인 지 단　천

富一人　以濟衆人之困　而世反挾所有　以凌人之貧　眞天
부 일 인　이 제 중 인 지 곤　이 세 반 협 소 유　이 릉 인 지 빈　진 천

之戮民哉
지 륙 민 재

誨(가르칠 회), 逞(왕성할 령), 挾(끼울 협), 凌(깔볼 릉), 戮(형벌 륙), 哉(재앙 재)

어설픈 재주에 시기함이 많다

•••

덕이 높은 사람이야 무엇을 생각하며 근심하겠는가. 어리
석은 사람은 아무것도 알지 못하니 함께 학문을 논할 수
도 있고 또 함께 공을 세울 수도 있다. 재주가 그 중간인
사람은 깊게 생각하고 지식이 많으므로 근거 없는 짐작과
시기도 많아서 일마다 함께하기가 참으로 어렵다.

•••

至人 何思何慮 愚人 不識不知 可與論學 亦可與建功
지인 하사하려 우인 불식부지 가여론학 역가여건공

唯中才的人 多一番思慮知識 便多一番億度猜疑 事事難
유중재적인 다일번사려지식 변다일번억탁시의 사사난

與下手
여 하 수

慮(생각할 려), 猜(샘할 시)

233

입은 마음의 문이다

입은 곧 마음의 문이니 입을 조심하지 않으면 마음의 비밀이 모두 흘러나온다. 뜻은 곧 마음의 발이니 뜻을 엄격하게 막지 못하면 마음이 옳지 못한 길로 달리게 된다.

口乃心之門　守口不密　洩盡眞機　意乃心之足　防意不嚴
구 내 심 지 문　수 구 불 밀　설 진 진 기　의 내 심 지 족　방 의 불 엄

走盡邪蹊
주 진 사 혜

密(조용할 밀), 蹊(건널 혜)

자신의 작은 허물도 살펴야 한다

남을 꾸짖는 자는 허물이 있는 가운데 허물이 없는 것을 살피면 마음이 평온할 것이다. 자신을 꾸짖는 자는 허물이 없는 가운데 허물이 있는 것을 구하면 덕이 향상될 것이다.

責人者 原無過於有過之中 則情平 責己者 求有過於無
책 인 자 원 무 과 어 유 과 지 중   즉 정 평 책 기 자 구 유 과 어 무

過之內 則德進
과 지 내 즉 덕 진

責(꾸짖을 책), 求(구할 구)

단련시켜야 훌륭한 그릇이 된다

어린이는 어른의 싹이고, 수재는 사대부의 싹이다. 이때 만약 불의 힘이 부족하여 몸과 마음의 훈련이 충분치 못하면 훗날 세상에 나아가 조정에 설 때 마침내 훌륭한 그릇을 이루기 어렵다.

子弟者 大人之胚胎 秀才者 士夫之胚胎 此時 若火力不
자 제 자 대 인 지 배 태 수 재 자 사 부 지 배 태 차 시   약 화 력 부

到 陶鑄不純 他日 涉世立朝 終難成個令器
도 도 주 불 순 타 일 섭 세 립 조 종 난 성 개 령 기

胚(시초 배), 胎(근원 태), 陶(기를 도)

일찍 익는 것보다 늦게 익는 것이 낫다

● ●

복사꽃과 오얏꽃이 아무리 고와도 푸른 소나무와 잣나무
의 굳고 곧은 것만 하겠는가. 배와 살구가 아무리 달아도
어찌 노란 등자橙子(등자나무의 열매)나 푸른 귤의 시원한
향기만 하겠는가. 진실로 고와서 빨리 지는 것은 담백하
여 오래가는 것만 못하고, 일찍 익는 것이 늦게 익는 것만
못하다.

● ● ●

桃李雖艶 何如松蒼栢翠之堅貞 梨杏雖甘 何如橙黃橘綠
도 리 수 염   하 여 송 창 백 취 지 견 정   이 행 수 감   하 여 등 황 귤 록

之馨冽 信乎 濃夭 不及淡久 早秀 不如晚成也
지 형 렬 신 호   농 요 ·불 급 담 구 조 수   불 여 만 성 야

蒼(무를 창), 翠(비취색 취), 堅(굳을 견), 橘(귤나무 귤), 馨(향기 형)

238

참맛은 마음으로 느끼는 것이다

산림의 즐거움을 말하는 자는 참으로 산림의 맛을 아는
것이 아니고, 명예와 이익을 싫다고 하는 자는 그 마음이
아직도 미련을 버리지 못하고 있는 것이다.

談山林之樂者　未必眞得山林之趣　厭名利之談者　未必盡
담 산 림 지 락 자　미 필 진 득 산 림 지 취　염 명 리 지 담 자　미 필 진

忘名利之情
망 명 리 지 정

趣(다다를 취), 厭(싫을 염)

고기를 낚기보다 한가함을 즐겨라

낚시질은 조용한 일이지만 살리고 죽이는 권리를 쥐고 있는 것이고, 바둑은 맑고 한가한 놀이지만 전쟁하는 마음을 일으킨다. 그러니 기쁜 일보다는 일을 줄여 한적한 것이 낫고, 재능이 많은 것보다는 재능이 없어서 참된 마음을 보전하는 것이 나을 것이다.

釣水　逸事也　尚持生殺之柄　奕棋　淸戲也　且動戰爭之心
조수　일 사 야　상 지 생 살 지 병　혁 기　청 희 야　차 동 전 쟁 지 심

可見喜事　不如省事之爲適　多能　不若無能之全眞
가 견 희 사　불 여 생 사 지 위 적　다 능　불 약 무 능 지 전 진

釣(낚시 조), 逸(편안할 일), 柄(권력 병), 奕(바둑 혁), 戲(놀 희), 省(덜 생)

자신의 마음을 세상에 비춰보라

••

세월은 본래 길고 긴 것이건만 마음이 바쁜 사람은 스스로 짧다고 한다. 세상은 원래 넓고 넓은 것이지만 마음이 옹졸한 사람이 스스로 좁다고 한다. 바람과 꽃과 눈과 달은 본래 한가롭건만 일에 바쁜 자들은 스스로 어수선하다고 한다.

•••

歲月 本長 而忙者自促 天地 本寬 而鄙者自隘 風花雪
세 월　　본 장　　이 망 자 자 촉　　천 지　　본 관　　이 비 자 자 애　　풍 화 설

月本閑 而勞攘者自冗
월 본 한　　이 로 양 자 자 용

促(재촉할 촉), 鄙(인색할 비), 隘(좁을 애), 攘(혼란스러울 양), 冗(번거로울 용)

아름다움은 한때의 환상이다

••

꾀꼬리 지저귀고 꽃이 피어 아름다운 산골은 이 모든 천지의 한때 환상이다. 물 마르고 잎 떨어져 바위가 앙상하게 드러난 것은 바로 천지의 참된 모습이다.

•••

鶯花茂而山濃谷艷　總是乾坤之幻境　水木落而石瘦崖枯
앵 화 무 이 산 농 곡 염　총 시 건 곤 지 환 경　수 목 락 이 석 수 애 고

纔見天地之眞吾
재 견 천 지 지 진 오

鶯(꾀꼬리 앵), 瘦(마를 수), 崖(벼랑 애)

좋은 경치는 가까이에 있다

훌륭하고 멋진 경치는 얻는 것이 많아야만 하는 것이 아니며, 쟁반만 한 못과 주먹만 한 돌에도 산수의 경치가 갖춰진다. 좋은 경치는 먼 곳에 있지 않으니, 쑥대로 엮은 창이나 대나무 지붕 아래에도 바람과 달은 한가롭게 찾아든다.

得趣不在多　盆池拳石間　烟霞具足　會景不在遠　蓬窓竹
득 취 부 재 다　분 지 권 석 간　연 하 구 족　회 경 부 재 원　봉 창 죽

屋下　風月自賖
옥 하　풍 월 자 사

拳(주먹 권), 烟(연기 연), 霞(멀 하), 蓬(쑥 봉), 賖(느릴 사)

자연은 이치를 나타내는 문장이다

• •

새소리와 벌레소리가 다 마음을 전하는 비결이고, 꽃잎과
풀빛은 모두 이치를 나타내는 문장이며, 배우는 자는 마
음이 맑고 가슴이 밝으면서 사물에 부딪칠 때마다 마음에
느끼는 바가 있다.

• • •

鳥語蟲聲　總是傳心之訣　花英草色　無非見道之文　學者
조 어 충 성　총 시 전 심 지 **결**　화 영 초 색　무 비 견 도 지 문　학 자

要天機淸澈　胸次玲瓏　觸物　皆有會心處
요 천 기 청 **철**　흉 차 **영 롱**　촉 물　개 유 회 심 처

訣(비결 결), 澈(물 맑을 철), 玲(옥소리 영), 瓏(옥소리 롱), 觸(감동할 촉)

보이지 않는 것의 참맛을 알아야 한다

••

사람들은 글자가 있는 책은 읽을 줄 알아도 글자가 없는 책은 읽을 줄 모르며, 줄이 있는 거문고는 연주할 줄 알아도 줄이 없는 거문고는 연주할 줄 모른다. 이는 형체 있는 것만 쓸 줄 알고 정신을 활용하지 못하는 것이니, 어찌 거문고와 책의 참맛을 알 수 있겠는가.

•••

人 解讀有字書 不解讀無字書 知彈有絃琴 不知彈無絃
인 해독유자서 불해독무자서 지탄유현금 부지탄무현

琴以跡用 不以神用 何以得琴書之趣
금이적용 불이신용 하이득금서지취

彈(탈 탄), 絃(악기 줄 현), 琴(거문고 금)

즐거움이 다하면 슬픔이 온다

● ●

손님과 친구들이 구름 같이 모여들어 질탕 마시고 한껏 즐기다가 시간이 다 되어 촛불이 가물거리고, 향불이 꺼져 차마저 식고 나면, 즐거움이 도리어 흐느낌으로 변하여 사람을 쓸쓸하고 재미없게 만든다. 세상의 일이 모두 이와 같은데 어찌 빨리 생각을 바꾸지 않는가.

● ● ●

賓朋 雲集 劇飮淋漓樂矣 俄而漏盡燭殘 香銷茗冷 不覺
빈 붕 운 집 극 음 림 리 락 의 아 이 루 진 촉 잔 향 소 명 랭 불 각

反成嘔咽 令人索然無味 天下事率類此 人奈何不早回頭
반 성 구 열 영 인 삭 연 무 미 천 하 사 솔 류 차 인 내 하 부 조 회 두

也
야

賓(손님 빈), 劇(심할 극), 淋(잠길 림), 漓(스며들 리), 殘(멸할 잔), 銷(녹일 소), 茗
(차 명), 嘔(노래할 구), 咽(목맬 열)

247

육신도 물거품으로 돌아간다

산과 강과 들판도 이미 작은 티끌에 속하는데, 하물며 티끌 속의 티끌은 어떻겠는가. 피와 살과 몸도 물거품과 그림자로 돌아가는데, 하물며 그림자 밖의 그림자는 어떻겠는가. 그러므로 최고의 지혜가 아니면 밝게 깨닫지 못한다.

山河大地 已屬微塵 而況塵中之塵 血肉身軀 且歸泡影
산 하 대 지　이 속 미 진　이 황 진 중 지 진　혈 육 신 구　차 귀 포 영

而況影外之影 非上上智 無了了心
이 황 영 외 지 영 비 상 상 지 무 료 료 심

塵(티끌 진), 軀(몸 구), 泡(물거품 포), 況(하물며 황), 了(깨달을 료)

248

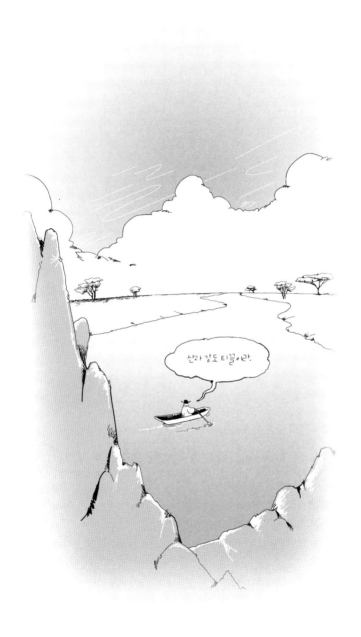

활발한 기운이 없는 몸은
식은 재와 같다

●●

약한 등에 불꽃이 없고, 낡은 갑옷에 온기가 없는 것은 모두 초라하고 가엾은 광경이다. 몸이 마른 나무 같고, 마음이 식은 재 같으면 의지할 데 없는 외로움에 처하는 것을 면하지 못할 것이다.

●●●

寒燈無焰 敝裘無溫 總是播弄光景 身如槁木 心似死灰
한 등 무 염　폐 구 무 온　총 시 파 롱 광 경　신 여 고 목　심 사 사 회

不免墮在頑空
불 면 타 재 완 공

焰(불꽃 염), 敝(해질 폐), 裘(가죽옷 구), 播(퍼뜨릴 파), 墮(떨어질 타)

깨달을 때가 있는 것이 아니다

··

사람이 쉬어야 할 때 당장 쉬면 그 자리에서 곧 깨달을 것이나, 만일 따로 쉴 때를 찾는다면 아들딸을 다 혼인시켜도 남는 일이 많을 것이며 스님과 도사가 비록 좋다고 하나 그런 마음으로는 깨닫지 못한다. 옛사람이 "지금 쉬어버리면 곧 쉴 수 있지만 끝날 때를 찾다보면 깨달을 때는 없다" 했으니 과연 맞는 말이다.

···

人肯當下休　便當下了　若要尋個歇處　則婚嫁雖完　事亦
인 긍 당 하 휴　변 당 하 료　약 요 심 개 헐 처　즉 혼 가 수 완　사 역

不少　僧道雖好　心亦不了　前人 云　如今休去　便休去　若
불 소　승 도 수 호　심 역 불 료　전 인 운　여 금 휴 거　변 휴 거　약

覓了時　無了時　見之卓矣
멱 료 시　무 료 시　견 지 탁 의

尋(찾을 심), 歇(쉴 헐), 嫁(시집갈 가), 覓(찾을 멱)

냉정함으로
열광적인 순간을 생각하라

••

냉정한 눈으로 열광했던 것을 생각하면 열광했을 때의 분
주함이 이롭지 않은 것을 알 것이고, 번거롭다가 한가해
지면 한가로운 맛이 가장 좋은 것임을 깨달을 것이다.

•••

從冷視熱然後 知熱處之奔走無益 從冗入閒然後 覺開中
종 랭 시 열 연 후 지 열 처 지 분 주 무 익 종 용 입 한 연 후 각 한 중

之滋味最長
지 자 미 최 장

冗(쓸데없을 용), 滋(많아질 자)

흥이 나는 자리는 따로 있지 않다

재산이 많고 지위가 높은 것을 뜬구름으로 여기는 기상과
풍채가 있더라도 반드시 깊은 산속에 살아야 하는 것은
아니다. 자연을 좋아하지 않는다고 해도 늘 스스로 술에
취하고 시를 즐기면 된다.

有浮雲富貴之風 而不必嚴捿穴處 無膏肓泉石之癖 而常
유 부 운 부 귀 지 풍　이 불 필 암 서 혈 처　무 고 황 천 석 지 벽　이 상

自醉酒耽詩
자 취 주 탐 시

膏(기름진 땅 고), 肓(명치 끝 황)

몸과 마음을 자유롭게 하라

•‥

명예와 이익을 얻기 위해 다투는 일은 나 아닌 다른 사람
들에게 양보하여 그들이 모두 명예와 이익을 가졌어도 미
워하지 말며, 고요하고 담백함은 내 마음에 맞게 하여 나
홀로 깨어 있어도 이를 자랑하지 마라. 부처가 이르기를
법이나 성공에 얽매이지 않는다면 몸과 마음이 모두 자유
롭게 될 것이라 했다.

•••

競逐 聽人而不嫌盡醉 恬淡 適己而不誇獨醒 此釋氏所
경 축   청인이불혐진취   염 담   적기이불과독성   차석씨소

謂不爲法纏 不爲空纏 身心 兩自在者
위불위법전 불위공전 신심 양자재자

逐(다툴 축), 嫌(싫어할 혐), 恬(고요할 염), 誇(자랑할 과), 醒(깰 성), 謂(이를 위),
纏(얽힐 전)

욕심은 줄이고 세상일을 잊어라

··

재물을 탐내는 욕심은 줄이고 줄여, 꽃을 가꾸고 대를 심어 이 몸 그대로 세상에 존재하지 않는 인간으로 돌아갈 것이다. 세상일을 잊고 잊어 향을 피우고 차를 끓이면 도무지 세속의 심부름 하는 아이를 찾지 않게 될 것이다.

···

損之又損　栽花種竹　儘交還烏有先生　忘無可忘　焚香煮
손 지 우 손　재 화 종 죽　진 교 환 오 유 선 생　망 무 가 망　분 향 자

茗　總不問白衣童子
명　총 불 문 백 의 동 자

損(줄일 손), 儘(다할 진), 焚(태울 분), 煮(끓일 자)

만족함을 알면 신선이 따로 없다

눈앞에 모든 일을 만족하며 보면 그것이 곧 신선이 사는 곳이며 만족할 줄 모르면 평범한 곳이다. 세상의 모든 인연을 잘 쓰면 남을 살리는 것이 되고, 잘못 쓰면 남을 해치는 것이 된다.

都來眼前事 知足者仙境 不知足者凡境 總出世上因 善
도 래 안 전 사 지 족 자 선 경 부 지 족 자 범 경 총 출 세 상 인 선

用者生機 不善用者殺機
용 자 생 기 불 선 용 자 살 기

都(마을 도), 總(다스릴 총)

병들고 죽는 것을 생각하면
헛된 생각을 버릴 수 있다

••

색욕이 불길처럼 타오를지라도 한번 병들었을 때를 생각
하면 흥은 식은 재처럼 식을 것이고, 명예와 이익이 엿과
같이 달아도 한번 죽을 때를 생각하면 그 맛이 밀랍을 씹
는 것과 같을 것이다. 그러므로 사람이 늘 죽을 것을 근심
하고 병을 생각하면 헛된 생각을 버리고 바른 마음을 기
를 수 있다.

•••

色慾 火熾 而一念及病時 便興似寒灰 名利飴甘 而一想
색 욕   화 치   이 일 념 급 병 시   변 흥 사 한 회   명 리 이 감   이 일 상

到死地 便味如嚼蠟 故 人常憂死慮病 亦可消幻業而長
도 사 지   변 미 여 작 랍   고   인 상 우 사 려 병   역 가 소 환 업 이 장

道心
도 심

飴(엿 이), 嚼(씹을 작), 蠟(밀랍 랍)

258

한 걸음 물러서는 마음을 가져라

••

앞을 다투는 길은 좁으니 한 걸음 뒤로 물러서면 저절로
한 걸음 넓어진다. 짙고 좋은 맛은 짧으니 조금 맑고 담백
하면 저절로 조금 길고 오래갈 것이다.

•••

爭先的徑路 窄 退後一步 自寬平一步 濃艶的滋味 短
쟁 선 적 경 로　착　퇴 후 일 보　자 관 평 일 보　농 염 적 자 미　단

清淡一分 自悠長一分
청 담 일 분　자 유 장 일 분

徑(지름길 경), 悠(멀 유)

259

한가할 때 몸과 마음을 맑게 한다

바쁠 때 제 본성을 어지럽히지 않으려면 한가할 때 몸과
마음을 맑게 해야 하고, 죽을 때 마음이 흔들리지 않으려
면 살아 있을 때 사물의 참모습을 꿰뚫어봐야 한다.

忙處 不亂性 須閒處 心神 養得淸 死時 不動心 須生時
망 처 불 란 성 수 한 처 심 신 양 득 청 사 시 부 동 심 수 생 시

事物 看得破
사 물 간 득 파

須(모름지기 수), 看(볼 간)

가난을 벗어나기 보다
가난을 걱정하는 마음을 버려라

••

더위를 반드시 제거할 필요는 없으니, 더위에 대한 괴로움을 없애면 몸은 항상 서늘한 마루 위에 있을 것이다. 가난을 반드시 쫓을 필요는 없으니, 가난을 걱정하는 마음을 쫓으면 마음은 항상 편안한 집에 있을 것이다.

•••

熱不必除　而除此熱惱　身常在淸凉臺上　窮不可遣　而遣
열 불 필 제　이 제 차 열 뇌　신 상 재 청 량 대 상　궁 불 가 견　이 견

此窮愁　心常居安樂窩中
차 궁 수　심 상 거 안 락 와 중

除(버릴 제), 惱(괴로움 뇌), 臺(높고 평평한 대), 遣(보낼 견), 愁(시름 수), 窩(집 와)

탐욕은 끝이 없어 만족함을 모른다

••

지나치게 욕심이 많은 사람은 금을 줘도 옥을 얻지 못하는 것을 한탄하고, 나라를 위해 애써도 공직을 얻지 못하는 것을 원망하니, 세력 있고 부유한 자라도 거지 노릇함을 달게 여긴다. 만족할 줄 아는 사람은 명아주국도 맛 좋은 음식보다 달게 여기고, 베 도포도 털옷보다 따뜻하게 여겨 서민이라도 신분이 높은 사람을 부러워하지 않는다.

•••

貪得者 分金 恨不得玉 封公 怨不受侯 權豪自甘乞丐
탐 득 자 분 금 한 부 득 옥 봉 공 원 불 수 후 권 호 자 감 걸 개

知足者 藜羹 旨於膏粱 布袍 煖於狐狢 編民不讓王公
지 족 자 여 갱 지 어 고 량 포 포 난 어 호 학 편 민 불 양 왕 공

羹(국 갱), 膏(살찔 고)

나아갈 때에도 물러남을 생각하라

한 걸음 나아갈 때 물러설 것을 생각해두면 뿔이 울타리에 걸리는 재앙을 면할 것이다. 손을 대려 할 때 먼저 손을 뗄 것을 생각해두면 비로소 호랑이를 타는 위험에서 벗어날 것이다.

進步處 便思退步 庶免觸藩之禍 著手時 先圖放手 纔脫
진 보 처　변 사 퇴 보　서 면 촉 번 지 화　착 수 시　선 도 방 수　재 탈

騎虎之危
기 호 지 위

觸(닿을 촉), 騎(걸터앉을 기)

제8부

菜根譚

소란함을 피해 고요를 즐겨라

••

고요하고 쓸쓸한 것을 즐기는 사람은 흰 구름과 그윽한 바위를 보고 미묘한 도리를 얻는다. 몸이 귀하게 되어 이름이 세상에 알려지기를 바라는 사람은 맑은 노래와 춤을 보고서 싫증을 잊는다. 오직 스스로 깨달은 사람은 시끄러움과 정적도 없고 영화로움과 쇠퇴하는 것도 없으니 가는 곳마다 마음에 맞지 않는 세상이 없다.

•••

嗜寂者 觀白雲幽石而通玄　趨榮者 見淸歌妙舞而忘倦
기 적 자　관 백 운 유 석 이 통 현　추 영 자　견 청 가 묘 무 이 망 권

唯自得之士 無喧寂 無榮枯 無往非自適之天
유 자 득 지 사 무 훤 적 무 영 고 무 왕 비 자 적 지 천

嗜(즐길 기), 幽(그윽할 유), 趨(주구할 추), 妙(묘할 묘), 倦(게으를 권), 喧(온난할 훤)

266

짙은 맛은 오래가지 못한다

급하지 않고 여유로운 맛은 부귀에서는 얻지 못하나, 콩을 씹고 물 마시는 데서 얻을 수 있다. 그리운 생각과 정은 메마르고 외로우면 생기지 않으나 퉁소를 불고 거문고를 연주하는 데서 생긴다. 진실로 짙은 맛은 늘 오래가지 못하니 담담한 맛이 참다운 것이다.

悠長之趣 不得於醲釅 而得於啜菽飮水 惆悵之懷 不生
유 장 지 취   부 득 어 농 엄   이 득 어 철 숙 음 수   추 창 지 회   불 생

於枯寂 而生於品竹調絲 固知濃處味常短 淡中趣獨眞
어 고 적   이 생 어 품 죽 조 사   고 지 농 처 미 상 단   담 중 취 독 진

也
야

醲(후할 농), 釅(진할 엄), 菽(콩 숙), 惆(슬퍼할 추)

구름과 달을 보라

· ·

조각구름은 골짜기에서 피어나서 가고 머무르는 것에 하
나도 거리낌이 없으며, 하늘에 걸린 밝은 달은 조용하고
시끄러운 것을 아무것도 상관하지 않는다.

· · ·

孤雲 出岫 去留 一無所係 郎鏡 懸空 靜躁 兩不相干
고운 출수 거류 일무소계 낭경 현공 정조 양불상간

孤(외로울 고), 岫(산굴 수), 留(머무를 류), 郎(사내 낭), 懸(매달릴 현)

낮은 곳에 높음의 뿌리가 있다

· ·

선종에서는 "배고프면 밥을 먹고, 피곤하면 잠을 잔다"고
하고, 시지詩旨(시의 오묘한 뜻을 설명한 글)에서는 "눈앞의 경
치를 평범한 말로 한다"고 했다. 지극히 높은 것은 지극
히 낮은 것에 깃들고, 지극히 어려운 것은 지극히 쉬운 데
서 나오니 뜻을 가진 사람은 도리어 멀어지고 마음을 두
지 않은 사람은 저절로 가까워진다.

· · ·

禪宗日　饑來喫飯倦來眠　詩旨　日　眼前景致口頭語　蓋極
선종왈　기래끽반권래면　시지　왈　안전경치구두어　개극

高　寓於極平　至難　出於至易　有意者　反遠　無心者　自近
고　우어극평　지난　출어지이　유의자　반원　무심자　자근

也
야

饑(굶주릴 기), 飯(밥 반), 極(다할 극)

산은 높아도 구름을 막지 않는다

물은 흘러도 소리가 없으니 시끄러운 곳에서도 정적을 느끼는 맛을 얻는 것이다. 산은 높아도 구름을 막지 않으니 유(有)에서 나와 무(無)로 들어가는 마음을 깨달아라.

水流而境無聲 得處喧見寂之趣 山高而雲不碍 悟出有入
수 류 이 경 무 성   득 처 훤 견 적 지 취   산 고 이 운 불 애   오 출 유 입

無之機
무 지 기

喧(의젓할 훤), 碍(가로막을 애), 悟(깨달을 오)

상황이 마음을 어둡거나 밝게 한다

시끄럽고 어수선한 상황에 처하면 평일에 기억하던 것도 모두 잊어버리고, 맑고 고요한 가운데에 있으면 지난날 잊던 것도 뚜렷이 나타난다. 그러니 고요함과 시끄러움이 조금만 나뉘어도 어둡거나 밝은 것이 완전히 달라진다.

時當喧雜 則平日所記憶者 皆漫然忘去 境在淸寧 則夙
시 당 훤 잡　즉 평 일 소 기 억 자　개 만 연 망 거　경 재 청 녕　즉 숙

昔所遺忘者 又怳爾現前 可見靜躁稍分 昏明頓異也
석 소 유 망 자　우 황 이 현 전　가 견 정 조 초 분　혼 명 돈 이 야

雜(뒤섞일 잡), 憶(기억 억), 漫(흩어질 만), 夙(옛날 숙), 怳(어슴푸레할 황), 爾(그리워할 이), 躁(조급할 조), 頓(조아릴 돈)

속된 것은 고상한 것만 못하다

높은 벼슬에 있는 자들의 행렬 속에 지팡이를 짚은 산사람이 끼면 약간의 고상하고 뛰어난 품격을 더할 것이다. 어부와 나무꾼이 다니는 길에 관복 입은 벼슬아치가 섞이면 도리어 많은 세속의 기질만을 보탤 것이다. 그러니 진실로 짙은 것은 담백한 것을 이기지 못하고, 속된 것은 고상한 것만 못하다.

袞冕行中　著一藜杖的山人　便增一段高風　漁樵路上　著
곤 면 행 중　착 일 려 장 적 산 인　변 증 일 단 고 풍　어 초 로 상　착

一袞衣的朝士　轉添許多俗氣　固知濃不勝淡　俗不如雅
일 곤 의 적 조 사　전 첨 허 다 속 기　고 지 농 불 승 담　속 불 여 아

也
야

袞(면류관 면), 轉(구를 전), 添(더할 첨)

속세를 벗어나는 길은 속세에 있다

• •

속세를 벗어나는 길은 바로 세상을 살아가는 길 가운데에 있으니, 반드시 인연을 끊어 세상을 피할 필요는 없다. 마음을 깨닫는 공부는 곧 마음을 다하는 속에 있는 것이니 반드시 욕망을 끊고 마음을 식은 재처럼 할 필요는 없다.

• • •

出世之道　卽在涉世中　不必絕人以逃世　了心之功　卽在
출 세 지 도　　즉 재 섭 세 중　　불 필 절 인 이 도 세　　요 심 지 공　　즉 재

盡心內　不必絕欲以灰心
진 심 내　　불 필 절 욕 이 회 심

絕(끊을 절), 逃(달아날 도), 灰(재 회)

헛된 마음을 버리면
위태로움이 사라진다

••

내가 영화로움을 바라지 않으면 어찌 이득과 녹봉의 미끼를 걱정할 것이며, 내가 나아가는 것을 다투지 않으면 어찌 벼슬살이의 위태로움을 두려워하겠는가.

•••

我不希榮 何憂乎利祿之香餌 我不競進 何畏乎仕官之危
아 불 희 영   하 우 호 리 록 지 향 이   아 불 경 진   하 외 호 사 관 지 위

機
기

祿(녹봉 록), 餌(먹이 이)

고요한 곳에 나를 두어야 한다

••

이 몸을 항상 한가한 곳에 두면 영욕과 치욕, 얻음과 잃음 중 어느 것도 감히 나를 어긋나게 할 수 없다. 이 마음을 항상 고요한 곳에 두면 시비나 이익이나 손해 가운데 어느 것이 감히 나를 어둡게 하겠는가.

•••

此身 常放在閒處 榮辱得失 誰能羞遣我 此心 常安在靜
차 신   상 방 재 한 처 영 욕 득 실 수 능 수 견 아 차 심   상 안 재 정

中是非利害 誰能瞞昧我
중 시 비 리 해 수 능 만 매 아

羞(보낼 수), 遣(보낼 견), 瞞(속일 만), 昧(새벽 매)

276

榮 辱 利 害 得 是 失 非

아름다운 경치를 빌려 마음을 다듬는다

••

숲속이나 샘과 바위 사이를 거닐면 먼지 낀 마음이 점점
사라지고, 시나 그림 속에 마음이 노닐면 세속적인 기질
이 저절로 사라진다. 그러므로 군자는 비록 사물을 즐기
고 감상하느라 마음을 빼앗기지 말아야 하지만 가끔 아름
다운 경치를 빌려 마음을 다듬어야 한다.

•••

徜徉於山林泉石之間　而塵心漸息　夷猶於詩書圖畵之內
상 양 어 산 림 천 석 지 간　이 진 심 점 식　이 유 어 시 서 도 화 지 내

而俗氣潛消 故君子雖不玩物喪志 亦常借境調心
이 속 기 잠 소 고 군 자 수 불 완 물 상 지 역 상 차 경 조 심

徜(노닐 상), 徉(노닐 양), 息(숨 쉴 식), 猶(오히려 유), 潛(잠길 잠), 調(조절할 조)

278

가을날은 뼛속까지도 맑게 한다

• •

봄날은 경치가 아름답고 화창하여 사람들의 마음과 정신을 넓고 크게 해준다. 그러나 구름은 희고, 맑은 바람 속에 난초는 아름답고, 계수나무는 향기로우며 물과 하늘이 하나의 빛으로 천지가 모두 맑아 사람들의 정신과 뼛속까지 모두 맑게 하는 가을날만은 못하다.

• • •

春日　氣象　繁華　令人心神馱蕩　不若秋日　雲白風淸　蘭
춘일　기상　번화　영인심신태탕　불약추일　운백풍청　난

芳桂馥　水天一色　上下空明　使人神骨俱淸也
방계복　수천일색　상하공명　사인신골구청야

繁(많을 번), 馱(벗을 태), 蕩(쓸어버릴 탕), 蘭(난초 난), 桂(계수나무 계), 馥(향기로울 복)

선의 경지도 순수한 마음에서 비롯한다

●●

글자 한 자 모르더라도 시흥을 느낄 줄 아는 마음을 가진
사람은 참뜻을 얻을 것이다. 부처의 가르침 한 구절을 외
우지 못하더라도 선의 참맛을 아는 사람은 선의 미묘한
작용을 깨달을 것이다.

●●●

一字不識　而有詩意者　得詩家眞趣　一偈不參　而有禪味
일 자 불 식　이 유 시 의 자　득 시 가 진 취　일 게 불 참　이 유 선 미

者　悟禪敎玄機
자　오 선 교 현 기

偈(쉴 게), 參(뒤섞일 참)

280

심기가 흐트러지면 사물도 다르게 보인다

마음이 흔들리면 활의 그림자도 뱀으로 보이고, 누운 바위도 호랑이로 보이니, 이것은 모두 독살스러운 기운이다. 마음이 평온하면 돌로 만들어진 사나운 호랑이도 유순한 갈매기로 삼을 수 있고, 개구리 소리도 음악으로 들리니, 듣고 보는 것이 모두 진정한 것이다.

機動的 弓影 疑爲蛇蝎 寢石 視爲伏虎 此中 渾是殺氣
기 동 적 궁 영　의 위 사 갈　침 석　시 위 복 호　차 중　혼 시 살 기

念息的 石虎 可作海鷗 蛙聲 可當鼓吹 觸處 俱見眞機
염 식 적 석 호　가 작 해 구　와 성　가 당 고 취　촉 처　구 견 진 기

蝎(도마뱀붙이 갈), 渾(흐릴 혼), 鷗(갈매기 구), 蛙(개구리 와)

몸을 자유로운 흐름에 맡겨라

몸은 매어 놓지 않은 배와 같아서 가거나 멈추거나 흐름에 맡겨야 한다. 마음은 이미 재가 된 나무와 같으니 칼로 쪼개든 향을 칠하든 무슨 상관이 있겠는가.

身如不繫之舟 一任流行坎止 心似旣灰之木 何妨刀割香
신 여 불 계 지 주 일 임 류 행 감 지 심 사 기 회 지 목 하 방 도 할 향

塗
도

繫(맬 계), 坎(애태울 감), 旣(이미 기), 割(쪼갤 할), 塗(칠할 도)

모든 것은 본래 하나다

••

사람의 정이란 꾀꼬리 소리를 들으면 기뻐하고, 개구리
울음을 들으면 싫어하고, 꽃을 보면 가꾸고 싶고, 풀을 보
면 뽑아버리고 싶으니 다만 이는 형체만 보기 때문이다.
만일 본래 타고난 성질로 본다면 무엇인들 스스로 하늘의
신비로움에서 나온 것이 아니며, 무엇인들 스스로 자라나
는 뜻을 펴지 않겠는가.

•••

人情　聽鶯啼則喜　聞蛙鳴則厭　見花則思培之　遇草則欲
인정　청앵제즉희　문와명즉염　견화즉사배지　우초즉욕

去之　但是以形氣用事若　以性天視之　何者非自鳴其天
거지　단시이형기용사약　이성천시지　하자비자명기천

機非自暢其生意也
기비자창기생의야

鶯(꾀꼬리 앵), 厭(싫을 염), 暢(펼 창)

형체는 시들지만 본성은 한결같다

••

머리털이 빠지고 이가 성글어지는 것은 허무하게 형체가
시들어 변하는 것이다. 새가 노래하고 꽃이 피는 것은 변
함없는 본성의 한결같은 진리다.

•••

髮落齒疎 任幻形之彫謝 鳥吟花笑 識自性之眞如
발 락 치 소 임 환 형 지 조 사 조 음 화 소 식 자 성 지 진 여

髮(머리털 발), 齒(이 치), 謝(물러날 사)

높이 걷는 자는 넘어지기 쉽다

많이 가진 사람은 잃는 것도 많으니, 부유한 사람은 근심이 없는 가난한 사람만 못하다. 거드름을 피우는 사람은 넘어지기도 쉬우니, 귀한 사람은 늘 편안하고 천한 사람만 못하다.

多藏者 厚亡 故 知富不如貧之無慮 高步者 疾顚 故 知
다 장 자 후 망 고 지 부 불 여 빈 지 무 려 고 보 자 질 전 고 지

貴不如賤之常安
귀 불 여 천 지 상 안

慮(근심할 려), 顚(꼭대기 전)

화분 속의 꽃은 생기가 없다

••

화분에 심은 꽃은 끝내 생기가 없어지고, 새장 속의 새는
곧 천연의 맛이 떨어지니, 산속의 꽃과 새가 여럿이 어울
려 아름다운 모습으로 마음대로 날아다니며 스스로 한없
이 마음대로 하는 것만 못하다.

•••

花居盆內　終乏生機　鳥入籠中　便減天趣　不若山間花鳥
화 거 분 내　종 핍 생 기　조 입 롱 중　변 감 천 취　불 약 산 간 화 조

錯集成文　翺翔自若　自是悠然會心
착 집 성 문　고 상 자 약　자 시 유 연 회 심

乏(가난할 핍), 錯(섞일 착), 翺(날 고), 翔(날 상)

나를 알아야 사물의 귀함을 안다

••

세상 사람은 자신을 지나치게 참되게 여겨 갖가지 즐기고 좋아하는 것과 괴로움이 쌓이니, 옛사람이 "내가 있는 것도 알지 못하는데 어찌 사물의 귀함을 알겠는가" 했다. 또 "이 몸이 내가 아님을 알면 괴로움이 어찌 다시 침범하겠는가" 했으니 참으로 진리에 맞는 말이다.

•••

世人 只緣認得我字太眞 故 多種種嗜好 種種煩惱 前人
세인 지연인득아자태진 고 다종종기호 종종번뇌 전인

云 不復知有我 何知物爲貴 又云 知身不是我 煩惱更
운 불부지유아 하지물위귀 우운 지신불시아 번뇌갱

何侵 眞破的之言也
하침 진파적지언야

緣(말미암을 연), 認(인정할 인), 煩(괴로워할 번), 惱(괴로워할 뇌), 復(대답할 부)

인생의 지혜와 이치는 체험을 통해 얻는다

늘어서 젊은 날을 돌이켜보면 바쁘게 달리고 서로 다투던 마음이 사라질 것이요, 보잘것없는 상황이 되어 영화롭던 날들을 보면 어수선하고 화려한 생각이 끊어질 것이다.

自老視少 可以消奔馳角逐之心 自瘁視榮 可以絕紛華靡
자 로 시 소   가 이 소 분 치 각 축 지 심   자 췌 시 영   가 이 절 분 화 미

麗之念
려 지 념

逐(다툴 축), 瘁(고달플 췌), 靡(쓰러질 미), 麗(우아할 려)

지금 내 것이 훗날 남의 것이 된다

사람의 정과 세상은 갑자기 변하니 항상 진실이라고 생각하지 말아야 한다. 요부堯夫(중국 송나라 때의 유학자)가 이르기를 "지난날 내 것이라고 여기던 것이 지금은 도리어 저 사람의 것이 되었으니, 오늘의 내 것이 훗날에는 누구의 것이 될 것인가" 했으니, 항상 이렇게 생각해야 가슴속의 무거운 짐을 풀 수 있다.

人情世態 倏忽萬端 不宜認得太眞 堯夫 云 昔日所云我
인 정 세 태 숙 홀 만 단 불 의 인 득 태 진 요 부 운 석 일 소 운 아

而今却是伊 不知今日我 又屬後來誰 人 常作是觀 便可
이 금 각 시 이 부 지 금 일 아 우 속 후 래 수 인 상 작 시 관 변 가

解却胸中罥矣
해 각 흉 중 견 의

倏(홀연 숙), 忽(갑자기 홀), 堯(요임금 요), 胸(가슴 흉), 罥(얽을 견)

290

밝은 눈과 뜨거운 마음이 필요하다

● ●

아무리 바쁘더라도 감정에 치우치지 않고 침착하며 사리에 밝은 눈을 가지면 괴로운 마음을 덜게 되고, 아무리 어려운 상황에서도 뜨거운 마음을 지니면 곧 수많은 참취미를 얻게 된다.

● ● ●

熱鬧中 著一冷眼 便省許多苦心思 冷落處 存一熱心 便
열 뇨 중 착 일 랭 안 변 생 허 다 고 심 사 냉 락 처 존 일 열 심 변

得許多眞趣味
득 허 다 진 취 미

鬧(시끄러울 뇨), 許(허락할 허)

292

좋은 일과 슬픈 일은 맞물려 돌아간다

●●

하나의 즐거운 경지가 있으면 곧 하나의 즐겁지 못한 경지가 있어서 서로 대립된다. 하나의 좋은 경치가 있으면 또 하나의 좋지 않은 경치가 있어서 서로 비기게 된다. 그러니 다만 보통의 끼니와 벼슬하지 않고 사는 생활이 편안한 것이다.

●●●

有一樂境界　就有一不樂的相對待　有一好光景　就有一不
유 일 락 경 계　취 유 일 불 락 적 상 대 대　유 일 호 광 경　취 유 일 불

好的相乘除　只是尋常家飯素位風光　纔是個安樂的窩
호 적 상 승 제　지 시 심 상 가 반 소 위 풍 광　재 시 개 안 락 적 와

巢
소

就(이룰 취), 除(길 제), 尋(보통 심), 窩(집 와), 巢(집 소)

자연 속에서는 모든 사물과 나조차도 잊는다

발을 걷고 높은 난간에 앉아 푸른 산과 맑은 물이 구름과 안개를 삼켰다 뱉었다 하는 것을 보니, 자연이 모든 것을 자유롭게 마음대로 할 수 있음을 알 수 있다. 우거진 대숲에 제비가 새끼를 치고 비둘기가 와서 울어 계절을 맞고 보내는 대로 두니 사물과 나를 모두 잊는 것을 알겠다.

簾櫳高敞　看靑山綠水　呑吐雲煙　識乾坤之自在　竹樹扶
염 롱 고 창　간 청 산 록 수　탄 토 운 연　식 건 곤 지 자 재　죽 수 부

疎任乳燕鳴鳩　送迎時序　知物我之兩忘
소 임 유 연 명 구　송 영 시 서　지 물 아 지 양 망

簾(발 염), 櫳(창 롱), 燕(제비 연)

이루어진 것은 반드시 무너진다

••

이루어진 것은 반드시 무너진다는 것을 안다면 이루어지기를 바라는 마음이 지나치지 않을 것이다. 산 것은 반드시 죽는다는 것을 안다면 삶을 보전하는 길에 지나치게 애쓰지 않을 것이다.

•••

知成之必敗　則求成之心　不必太堅　知生之必死　則保生
지 성 지 필 패 　즉 구 성 지 심 　불 필 태 견 　지 생 지 필 사 　즉 보 생

之道 不必過勞
지 도 　불 필 과 로

堅(굳을 견), 勞(수고로울 로)

대 그림자가 섬돌을 쓸어도 먼지가 일지 않는다

●●

옛 고승이 이르기를 "대나무 그림자가 섬돌을 쓸어도 먼지가 일지 않고, 달빛이 연못을 뚫지만 물에는 흔적이 없다" 하고, 우리 선비가 이르기를 "흐르는 물이 아무리 빠르다 해도 둘레는 늘 고요하고, 꽃이 아무리 자주 떨어져도 마음만은 한가롭다" 했으니 사람이 항상 이런 뜻을 지니면 마음과 몸은 얼마나 자유롭겠는가.

●●●

古德云　竹影掃階塵不動　月輪穿沼水無痕　吾儒云水流
고 덕 운　죽 영 소 계 진 부 동　월 륜 천 소 수 무 흔　오 유 운 수 류

任急境常靜　花落雖頻意自閒　人常持此意　以應事接物身
임 급 경 상 정　화 락 수 빈 의 자 한　인 상 지 차 의　이 응 사 접 물 신

心　何等自在
심　하 등 자 재

掃(쓸 소), 穿(뚫을 천), 沼(늪 소), 痕(흔적 흔), 頻(자주 빈), 應(응할 응)

사람의 마음을 얻는 것은 어렵다

눈으로 서진西晉의 황폐함을 보고도 오히려 칼날을 자랑하며, 몸은 북망산北邙山의 여우와 토끼에게 맡겼어도 황금을 아낀다. 옛말에 이르기를 "사나운 짐승은 길들이기 쉬워도 사람 마음은 항복받기 어렵고, 깊은 골짜기는 채우기 쉬워도 사람의 마음은 채우기 어렵다" 하더니 옳은 말이다.

眼看西晉之荊榛　猶矜白刃　身屬北邙之狐兎　尚惜黃金
안 간 서 진 지 형 진　유 긍 백 인　신 속 북 망 지 호 토　상 석 황 금

語 云 猛獸 易伏 人心 難降 谿壑 易滿 人心 難滿 信哉
어　운　맹 수　이 복　인 심　난 항　계 학　이 만　인 심　란 만　신 재

晉(나아갈 진), 荊(가시나무 형), 榛(우거질 진), 矜(자랑할 긍), 兎(토끼 토), 壑(산골짜기 학)

자연의 음악에 귀 기울여라

• •

숲속의 솔바람 소리와 바위 틈의 샘물 소리를 들으면 자연의 음악인 것을 알 수 있고, 풀숲의 안개 빛과 물속의 구름 그림자를 한가로이 보면 이 세상 최고의 문장인 것을 알 수 있다.

• • •

林間松韻 石上泉聲 靜裡聽來 識天地自然鳴佩 草際烟
임 간 송 운　석 상 천 성　정 리 청 래　식 천 지 자 연 명 패　초 제 연

光 水心雲影 閒中觀去 見乾坤最上文章
광　수 심 운 영　한 중 관 거　견 건 곤 최 상 문 장

韻(소리 운), 裡(속 리), (노리개 패), 烟(연기 연)

고요한 마음이
푸른 산과 푸른 물에 이르게 한다

● ●

마음에 바람과 물결이 일지 않으면 가는 곳마다 모두 푸른 산과 푸른 물이요, 타고난 성품에 자연의 이치로 만물을 만들어 기르는 기운이 있으면 이르는 곳마다 고기가 뛰놀고, 소리개가 날아오르는 것을 보게 될 것이다.

● ● ●

心地上 無風濤 隨在 皆靑山綠水 性天中 有化育 觸處
심지상 무풍도 수재 개청산록수 성천중 유화육 촉처

見魚躍鳶飛
견 어 약 연 비

濤(큰 물결 도), 隨(때마다 수), 觸(닿을 촉), 鳶(솔개 연)

제9부

菜根譚

조용하고 편안하게 즐기는 삶을 생각하라

．．

벼슬아치도 도롱이 삿갓으로 경쾌하고 편안하게 지내는
사람을 보면 부러워하게 되며, 부자라도 성긴 발을 드리
우고 깨끗한 책상에서 한가롭고 고요하게 지내는 사람을
보면 그리워한다. 사람이 어찌 화우火牛(꼬리에 불을 붙인 소)
로 몰아붙이고 풍마風馬(바람을 가르는 말)로 꾀일 줄만 알고
그 본성으로 조용하고 편안하게 살고자 생각하지 않는가.

．．．

峨冠大帶之士 一旦睹輕蓑小笠 飄飄然逸也 未必不動其
아 관 대 대 지 사 일 단 도 경 사 소 립 표 표 연 일 야 미 필 부 동 기

咨嗟 長筵廣席之豪 一旦遇疏簾淨几 悠悠焉靜也 未必不
자 차 장 연 광 석 지 호 일 단 우 소 렴 정 궤 유 유 언 정 야 미 필 부

增其綣戀 人奈何驅以火牛 誘以風馬 而不思自適其性哉
증 기 권 련 인 내 하 구 이 화 우 유 이 풍 마 이 불 사 자 적 기 성 재

峨(높을 아), 蓑(도롱이 사), 飄(나부낄 표), 咨(감탄할 자), 嗟(감탄할 차), 疏(트일
소), 簾(발 렴), 綣(정다울 권), 驅(달릴 구), 誘(꾈 유)

물고기는 물의 존재를 잊는다

●●

물고기는 물이 있어 헤엄치지만 물이 있다는 것을 잊고, 새는 바람을 타고 날지만 바람이 있다는 것을 알지 못한다. 이런 것을 안다면 마땅히 사물의 얽매임에서 벗어날 것이며, 마땅히 하늘의 작용을 즐길 수 있다.

●●●

魚得水逝 而相忘乎水 鳥乘風飛 而不知有風 識此 可以
어 득 수 서   이 상 망 호 수   조 승 풍 비   이 부 지 유 풍   식 차   가 이

超物累 可以樂天機
초 물 루   가 이 락 천 기

逝(뜰 서), 超(넘을 초), 累(묶을 루)

변하는 것에 강함과 약함이
따로 있겠는가

· ·

여우는 무너진 섬돌에서 잠들고, 토끼는 황폐한 누각 위를 달리니, 이것은 모두 지난날에 노래하고 춤추던 곳이다. 이슬은 노란 국화에 싸늘하게 맺히고, 안개는 마른 풀에 감도니, 이것은 모두 옛날의 싸움터다. 번성함과 쇠함이 어찌 항상 같을 것이며, 강함과 약함이 어디 있겠는가. 이를 생각하면 마음이 재처럼 식을 것이다.

· · ·

狐眠敗砌　兎走荒臺　盡是當年歌舞之地　露冷黃花　烟迷
호면패체　토주황대　진시당년가무지지　노랭황화　연미

衰草　悉屬舊時爭戰之場　盛衰何常　强弱安在　念此　令人
쇠초　실속구시쟁전지장　성쇠하상　강약안재　염차　영인

心灰
심회

狐(여우 호), 砌(섬돌 체), 衰(쇠할 쇠), 悉(모두 실)

냉정한 눈으로 세상을 바라보라

권력과 세력이 있는 사람들이 용처럼 날뛰고, 영웅들이 호랑이처럼 싸우는 것도 냉정한 눈으로 본다면 개미떼가 비린 것에 모여들고, 파리가 다투어 피를 빨아먹는 것과 같다. 옳고 그름이 벌떼가 일어나는 것 같고, 얻고 잃음이 고슴도치의 바늘이 일어서듯 하는 것도 냉정한 마음으로 보면 도가니에 쇠가 녹고 끓는 물에 눈이 녹는 것과 같다.

權貴龍驤 英雄虎戰 以冷眼視之 如蟻聚羶 如蠅競血 是
권 귀 룡 양 영 웅 호 전 이 랭 안 시 지 여 의 취 전 여 승 경 혈 시

非蜂起 得失蝟興 以冷情當之 如冶化金 如湯消雲
비 봉 기 득 실 위 흥 이 랭 정 당 지 여 야 화 금 여 탕 소 설

驤(머리 들 양), 聚(모여들 취), 羶(누린내 전), 蠅(파리 승), 蜂(벌 봉), 蝟(고슴도치 위)

305

나귀를 타고 나귀를 찾는다면 깨닫지 못한 승려와 같다

··

뗏목에 올라 곧 뗏목을 버릴 것을 생각하면 이는 바로 제대로 깨달은 도인이지만, 만일 나귀를 타고 또다시 나귀를 찾는다면 끝내 깨닫지 못하는 승려가 될 것이다.

···

纔就筏 便思舍筏 方是無事道人 若騎驢 又復覓驢 終爲
재 취 벌　　변 사 사 벌　　방 시 무 사 도 인　　약 기 려　　우 부 멱 려　　종 위

不了禪師
불 료 선 사

就(나아갈 취), 筏(뗏목 벌), 騎(말 탈 기), 驢(나귀 려)

재물을 탐내는 삶은 슬프다

• •

재물을 탐내는 마음에 얽매이면 삶의 슬픔을 깨닫고, 본
성에 맞게 한가하고 여유롭게 노닐면 삶의 즐거움을 깨달
는다. 그 슬픔을 알면 세속의 욕망이 사라지고, 그 즐거움
을 알면 덕을 갖춘 사람의 경지에 저절로 이를 것이다.

• • •

羈鎖於物欲　覺吾生之可哀　夷猶於性眞　覺吾生之可樂
기 쇄 어 물 욕　 각 오 생 지 가 애　 이 유 어 성 진　 각 오 생 지 가 락

知其可哀 則塵情 立破 知其可樂 則聖境 自臻
지 기 가 애　 즉 진 정　 입 파　 지 기 가 락　 즉 성 경　 자 진

羈(말굴레 기), 鎖(닫아걸 쇄), 塵(속세 진), 臻(이를 진)

어둠을 밝히는 달처럼
맑은 마음을 지녀라

● ●

마음속에 재물을 탐내는 마음이 조금도 없으면 이미 화롯
불에 눈이 녹고 햇살에 얼음이 녹듯이 할 것이다. 눈앞에
한 줄기 맑은 빛이 있으면 때로 맑은 하늘에 걸린 달과 물
결 위의 달그림자를 보게 될 것이다.

● ● ●

胸中　旣無半點物欲　已如雪消爐焰氷消日　眼前　自有一
흉 중　기 무 반 점 물 욕　이 여 설 소 로 염 빙 소 일　안 전　자 유 일

段空明　時見月在靑天影在波
단 공 명　시 견 월 재 청 천 영 재 파

爐(화로 로), 焰(불꽃 염), 段(조각 단)

흥겨움은 좋은 경치에서 일어난다

··

시적인 생각은 파릉교(조조가 관우를 떠나보내던 이별의 다리)
위에 있는 것이어서 나지막이 읊조리니 숲과 골짜기가 문
득 트이고, 진정한 흥겨움이 경호(당나라 하지장이 은거한 곳)
의 기슭에서 일어나니 홀로 거닐면 산과 시내가 서로 비
춘다.

···

詩思 在灞陵橋上 微吟就 林岫 便已浩然 野興 在鏡湖
시사　재파릉교상　미음취　임수　변이호연　야흥　재경호

曲邊獨往時 山川 自相映發
곡변독왕시　산천　자상영발

灞(강 이름 파), 岫(산굴 수), 邊(가장자리 변)

먼저 핀 꽃이 일찍 떨어진다

..

오래 엎드려 있던 새는 높이 날 수 있고, 먼저 핀 꽃은 일
찍 떨어진다. 이것을 알면 발을 헛디딜 걱정을 하지 않아
도 되고, 느긋하지 못하고 급한 마음을 없앨 수 있다.

...

伏久者 飛必高 開先者 謝獨早 知此 可以免蹭蹬之憂
복 구 자 비 필 고 개 선 자 사 독 조 지 차 가 이 면 층 등 지 우

可以消躁急之念
가 이 소 조 급 지 념

謝(물러날 사), 蹭(비틀거릴 층), 蹬(비틀거릴 등)

뿌리로 돌아간 나무가 헛됨을 안다

• •

나무는 뿌리로 돌아간 뒤에 꽃과 잎이 헛되이 무성했던
것을 알 수 있고, 사람은 죽어서 관 뚜껑을 덮은 뒤에야
자손과 재물이 쓸데없는 것을 안다.

• • •

樹木　至歸根而後　知花蕚枝葉之徒榮　人事　至蓋棺而後
수 목　지 귀 근 이 후　지 화 악 지 엽 지 도 영　인 사　지 개 관 이 후

知子女玉帛之無益
지 자 녀 옥 백 지 무 익

蕚(꽃받침 악), 徒(무리 도), 帛(비단 백)

욕망을 끊는 것도 괴로움이다

●●

참으로 비어 있는 것은 비어 있는 것이 아니며, 형태에 집
착하는 것은 진리가 아니며, 형태를 깨뜨리는 것도 진리
가 아니다. 묻겠으니 석가모니는 무엇이라 말씀하셨는가.
"속세에 있어서 속세를 벗어났거나, 욕망을 따르는 것도
괴로움이고, 욕망을 끊는 것도 괴로움이다"고 했으니 우
리는 스스로 잘 수양해야 한다.

●●●

眞空 不空 執相 非眞 破相 亦非眞 問世尊 如何發付 在
진공 불공 집상 비진 파상 역비진 문세존 여하발부 재

世出世 徇欲 是苦 絕欲 亦是苦 聽吾儕善自修持
세출세 순욕 시고 절욕 역시고 청오제선자수지

執(잡을 집), 尊(높을 존), 徇(주창할 순)

313

애태우는 것은
임금이나 걸인이나 다르지 않다

• •

의로운 선비는 제후가 다스리는 나라도 사양하고, 욕심이
많은 사람은 한 푼의 돈으로도 다투니, 그 인품은 하늘과
땅의 차이다. 명예를 좋아하는 것이 이익을 좋아하는 것
과 다를 것이 없다. 임금은 나라를 경영하고, 걸인은 끼니
를 구걸하니 신분은 하늘과 땅의 차이지만 애타는 생각이
애타는 소리와 무엇이 다르겠는가.

• • •

烈士 讓千乘 貪夫 爭一文 人品 星淵也 而好名 不殊好
열사 양천승 탐부 쟁일문 인품 성연야 이호명 불수호

利天子 營國家 乞人 號饔飧 位分 霄壤也 而焦思 何異
리천자 영국가 걸인 호옹손 위분 소양야 이초사 하리

焦聲
초성

讓(사양할 양), 號(부를 호), 饔(아침밥 옹), 飧(저녁밥 손), 霄(하늘 소), 壤(땅 양)

세상맛을 알고 나면
옳고 그른 것도 가리지 않는다

••

세상맛을 속속들이 알고 나면, 손바닥을 뒤집으면 비가 되
고 구름이 되는 세상의 형편에 눈을 뜨기조차 성가시다.
세상 사람들의 마음을 다 알고 나면, 소라고 부르든 말이
라고 부르든 상관하지 않고 그저 머리만 끄덕일 뿐이다.

•••

飽諳世味　一任覆雨翻雲　總慵開眼　會盡人情　隨敎呼牛
포 암 세 미　일 임 복 우 번 운　총 용 개 안　회 진 인 정　수 교 호 우

喚馬　只是點頭
환 마　지 시 점 두

諳(알 암), 覆(뒤집힐 복), 翻(날 번), 慵(게으를 용), 喚(부를 환)

316

현재의 인연에 따라 나아가라

· ·

지금 사람은 오로지 잡념을 없앨 방법을 찾으나 끝내 얻지 못한다. 다만 지난 일을 생각하지 않고 미리 뒷일을 생각하지 않으며 현재의 인연을 따라 나아갈 수 있다면 자연히 차츰 아무것도 없는 무無의 세계로 들어가게 된다.

· · ·

今人 專求無念 而終不可無 只是前念不滯 後念不迎 但
금인　전구무념　이종불가무　지시전념불체　후념불영　단

將現在的隨緣 打發得去 自然漸漸入無
장현재적수연　타발득거　자연점점입무

滯(골똘할 체), 迎(헤아릴 영), 漸(차차 점)

아름다움은 사람의 힘이 가해지지
않은 천연에서 나온다

••

우연히 뜻에 맞으면 곧 아름다운 경지를 이루니, 천연의
것에서 참다운 기틀을 보게 된다. 만일 조금이라도 조정
하고 위치를 바꾸면 아름다움이 곧 줄어들 것이다. 백거
이白居易가 말하기를 "마음은 일 없을 때가 즐겁고, 바람
은 저절로 불어올 때가 맑다"고 했으니 의미 있는 말이
구나.

•••

意所偶會　便成佳境　物出天然　纔見眞機　若加一分調停
의 소 우 회　변 성 가 경　물 출 천 연　재 견 진 기　약 가 일 분 조 정

布置　趣味便減矣　白氏云　意隨無事適　風逐自然淸　有
포 치　취 미 변 감 의　백 씨 운　의 수 무 사 적　풍 축 자 연 청　유

味哉　其言之也
미 재　기 언 지 야

置(둘 치), 隨(따를 수)

318

마음이 맑으면 몸도 건강하다

본래 타고난 성품이 맑으면 굶주리고 목마른 생활이라도 마음과 몸을 건강하게 못할 것이 없고, 마음이 불안정하고 흐려지면 비록 선을 말하고 게偈(부처의 가르침을 찬탄하는 글귀)를 풀이할지라도 이는 모두 정신을 제멋대로 놀리는 것일 뿐이다.

性天 澄徹 卽饑喰渴飮 無非康濟身心 心地 沈迷 縱談
성천 징철 즉기식갈음 무비강제신심 심지 침미 종담

禪演偈 總是播弄精魂
선연게 총시파롱정혼

徹(밝을 철), 康(편안할 강), 演(멀리 흐를 연)

사람의 마음에는 참된 경지가 있다

‥

사람의 마음에는 하나의 참된 경지가 있어서 거문고나 피리가 없더라도 저절로 편안하고 유쾌할 수 있으며, 향이나 차가 없더라도 스스로 맑은 향기를 풍길 수 있다. 모름지기 생각을 맑게 하고 마음을 비워야 하며, 걱정을 하지 않고 형체에 집착하지 않아야 비로소 그 속에서 자유롭게 거닐 수 있다.

⋯

人心 有個眞境 非絲非竹 而自恬愉 不煙不茗 而自淸芬
인심 유개진경 비사비죽 이자념유 불연불명 이자청분

須念淨境空 慮忘形釋 纔得以游衍其中
수념정경공 여망형석 재득이유연기중

恬(편안할 념), 芬(향기 분), 釋(풀 석)

옥은 돌에서 생긴다

••

금은 광석에서 나오고 옥은 돌에서 생기니, 환상이 아니면 참다운 실상을 구할 수 없다. 술에서 도를 얻고, 꽃 속에서 신선을 만났다고 하는 것은 비록 우아한 정취가 있기는 하지만 속된 것을 벗어나지는 못했다.

•••

金自鑛出 玉從石生 非幻 無以求眞 道得酒中 仙遇花裡
금 자 광 출 옥 종 석 생 비 환 무 이 구 진 도 득 주 중 선 우 화 리

雖雅 不能離俗
수 아 불 능 이 속

鑛(쇳돌 광), 雅(우아할 아), 離(끊을 이)

가난에도 인생의 참맛이 있다

● ●

정신이 무르익으면 베 이불 속에서도 세상의 바르고 평화
로운 기운을 얻을 것이다. 입맛이 왕성하면 명아주국을
먹고서도 인생의 담백한 참맛을 알 수 있다.

● ● ●

神酣 布被窩中 得天地冲和之氣 味足 藜羹飯後 識人生
신 감 포 피 와 중 득 천 지 충 화 지 기 미 족 여 갱 반 후 식 인 생

澹泊之眞
담 박 지 진

酣(한창 성할 감), 冲(가운데 충)

꽃 한 송이에도 생기를 느낀다

••

모든 소리가 고요한 가운데 한 마리 새소리를 들으면 문 득 그윽하게 흥이 일어나고, 온갖 꽃이 다 떨어진 뒤에 홀 연히 가지 하나에 꽃이 핀 것을 보면 문득 끝없는 생기를 느낀다. 그러므로 사람의 본래 타고난 성품은 항상 메마르지 않고 정신은 사물에 부딪쳐 나타나는 것을 안다.

•••

萬籟寂廖中 忽聞一鳥弄聲 便喚起許多幽趣 萬卉摧剝後
만 뢰 적 료 중　홀 문 일 조 롱 성　변 환 기 허 다 유 취　만 훼 최 박 후

忽見一枝擢秀 便觸動無限生機 可見性天 未常枯槁 機
홀 견 일 지 탁 수　변 촉 동 무 한 생 기　가 견 성 천　미 상 고 고　기

神 最宜觸發
신　최 의 촉 발

籟(소리 뢰), 廖(공허할 료), 幽(그윽할 유), 卉(초목 훼), 摧(꺾을 최)

깨닫지 못하면 절간도 속세가 된다

∙∙

얽매임과 벗어남은 제 마음에 있으니 마음을 깨우치면 푸줏간과 주막도 부처가 사는 곳이고, 그렇지 않으면 비록 거문고와 학을 벗 삼아 화초를 심고 즐거움이 속되지 않고 맑더라도 악마가 들끓는다. 옛말에 "능히 쉬게 하면 속된 세상도 신선이 사는 곳이 되고, 깨닫지 못하면 절간도 속된 세상의 집이 된다" 했으니 옳은 말이다.

∙∙∙

纏脫 只在自心　心了　則屠肆糟塵　居然淨土　不然　縱一
전탈　지재자심　심료　즉도사조전　거연정토　불연　종일

琴一鶴　一花一卉　嗜好雖淸　魔障終在　語云　能休　塵境
금일학　일화일훼　기호수청　마장종재　어운　능휴　진경

爲眞境　未了　僧家　是俗家　信夫
위진경　미료　승가　시속가　신부

纏(얽힐 전), 屠(잡을 도), 肆(가게 사), 糟(지게미 조)

따뜻한 봄바람에 마음도 따뜻하다

눈 내린 밤에 달 밝은 하늘을 보면 마음이 문득 맑아지고, 화창한 기운의 봄바람을 만나면 마음도 저절로 부드러워지니 자연의 섭리와 인간의 심리는 한데 어울려 조금의 틈도 없다.

當雪夜月天 心境 便爾澄徹 遇春風和氣 意界 亦自冲融
당설야월천 심경 변이징철 우춘풍화기 의계 역자충융

造化人心 混合無間
조화인심 혼합무간

爾(너 이), 徹(환할 철), 融(화할 융)

도는 꾸밈없는 데서 이루어진다

••

글은 꾸밈없는 데서 진보하고, 도는 꾸밈없는 데서 이루어진다. '졸拙'이라는 글자에 한없는 뜻이 있으니 복사꽃 핀 마을에서 개가 짖고 뽕나무 사이에서 닭이 운다는 것이 얼마나 순박한가. 차가운 연못에 달이 비치고 고목에 까마귀가 우는 것은 기이하기는 하나 문득 쇠약하고 삭막한 기상을 느끼게 된다.

•••

文以拙進　道以拙成　一拙字　有無限意味　如桃源犬吠
문 이 졸 진　도 이 졸 성　일 졸 자　유 무 한 의 미　여 도 원 견 폐

桑間鷄鳴　何等淳龐　至於寒潭之月　古木之鴉　工巧中
상 간 계 명　하 등 순 롱　지 어 한 담 지 월　고 목 지 아　공 교 중

便覺有衰颯氣象矣
변 각 유 쇠 삽 기 상 의

吠(짖을 폐), 桑(뽕나무 상), 淳(순박할 순), 潭(못 담), 鴉(갈까마귀 아), 颯(바람소리 삽)

자신의 의지대로 움직이는 사람은 대지를 자유롭게 즐긴다

••

자신의 의지대로 모든 것을 부리는 사람은 어떤 것을 얻었다고 하여 기뻐하지 않고, 잃었다고 해도 근심하지 않으니, 이는 대지를 모두 자유롭게 거니는 곳으로 삼기 때문이다. 남의 의지에 따라 움직이는 사람은 어려운 상황에 처하면 증오심이 생기고, 순조로운 일만을 좋아하니 이는 털끝만 한 일로도 자신을 얽어매기 때문이다.

•••

以我轉物者 得固不喜 失亦不憂 大地盡屬逍遙 以物役
이아전물자 득고불희 실역불우 대지진속소요 이물역

我者 逆固生憎 順亦生愛 一毛便生纏縛
아자 역고생증 순역생애 일모변생전박

遙(멀 요), 纏(얽힐 전), 縛(동여맬 박)

겉치레에 끌리고 형식에 매이지 마라

은인의 맑은 정취는 유유자적하는 데 있다. 술은 권하지 않는 것을 즐거움으로 삼고, 바둑은 승패를 다투지 않는 것을 이기는 것으로 여기며, 피리는 구멍 없는 것을 적당하다 하고, 거문고는 줄 없는 것을 고상하다고 하며, 만남은 약속하지 않는 것을 참되다고 하고, 손님은 마중과 배웅이 없는 것을 마음이 편하다고 여긴다. 그러니 겉치레와 형식에 매이면 속세의 괴로움에서 벗어나지 못한다.

幽人淸事　總在自適　故　酒以不勸　爲歡　棋以不爭　爲勝
유 인 청 사　총 재 자 적　고　주 이 불 권　위 환　기 이 부 쟁　위 승

笛以無腔　爲適　琴以無絃　爲高　會以不期約　爲眞率　客
적 이 무 강　위 적　금 이 무 현　위 고　회 이 불 기 약　위 진 솔　객

以不迎送　爲坦夷　若一牽文泥迹　便落塵世苦海矣
이 불 영 송　위 탄 이　약 일 견 문 니 적　변 락 진 세 고 해 의

歡(즐거움 환), 笛(피리 적), 腔(속이 빌 강), 率(거느릴 솔), 坦(편할 탄), 牽(끌 견)

329

마음이 비면 경지도 빈다

본바탕이 고요하면 현상도 고요하니 현상을 버리고 본바탕에만 집착하려는 것은 형체는 그대로 두고 그림자만 버리는 것과 같고, 마음이 비면 외형도 비니 외형을 버리고 마음을 지키는 것은 비린 것을 두고 모기를 쫓는 것과 같다.

理寂則事寂　遺事執理者　似去影留形　心空則境空　去境
이 적 즉 사 적　견 사 집 리 자　사 거 영 류 형　심 공 즉 경 공　거 경

存心者　如聚羶却蚋
존 심 자　여 취 전 각 예

留(머무를 류), 聚(모일 취), 羶(비린내 전), 蚋(모기 예)

복이 재앙의 근본임을 알라

●●

병든 뒤에 건강이 보배인 것을 생각하고, 난리에 처해서
야 평화가 복된 것인 줄을 안다. 이는 일찍 아는 것보다
복을 바라는 것이 재앙의 근본이 되는 줄을 알고, 삶을 탐
내는 것이 죽음의 원인이 되는 것임을 아는 것이 그 뛰어
난 식견이다.

●●●

遇病而後　思强之爲寶　處亂而後　思平之爲福　非蚤智也
우 병 이 후　사 강 지 위 보　처 란 이 후　사 평 지 위 복　비 조 지 야

倖福而先知其爲禍之本　貪生而先知其爲死之因　其卓見
행 복 이 선 지 기 위 화 지 본　탐 생 이 선 지 기 위 사 지 인　기 탁 견

乎
호

遇(만날 우), 蚤(일찍 조), 貪(탐할 탐)

바둑을 끝내면 승패는 남지 않는다

••

배우가 분 바르고 연지 찍어 곱고 미운 것을 붓끝으로 흉
내내지만, 문득 노래가 끝나고 막이 내리면 곱고 미운 것
이 어디 있는가. 바둑 두는 이가 앞뒤를 다투며 바둑알로
승부를 겨룰지라도 이윽고 판의 형세가 다하여 바둑을 거
두면 승부가 어디 남아 있는가.

•••

優人 傳粉調**硃** 效妍**醜**於毫端 俄而 歌**殘**場**罷** 妍醜何存
우인　전분조주　효연추어호단　아이　가잔장파　연추하존

奕者爭先競後 **較**雌雄於著子 俄而 局盡子收 雌雄安在
혁자쟁선경후　교자웅어착자　아이　국진자수　자웅안재

優(배우 우), 醜(추할 추), 殘(멸할 잔), 罷(그칠 파), 較(견줄 교)

본래의 성품을 온전히 지켜라

••

시골 농부들은 닭이나 막걸리를 이야기하면 기분 좋게 기뻐하나 훌륭한 요리를 말하면 알지 못하고, 누더기와 잠방이(가랑이가 무릎까지 내려오도록 짧게 만든 홑바지)를 이야기하면 슬며시 좋아하나 예복을 말하면 알지 못한다. 이것은 그 본래의 성품이 온전하기 때문이며 그 욕망이 담백하니 이것이 인생 제일의 경지다.

•••

田夫野叟 語以黃鷄白酒 則欣然喜 問以鼎食 則不知 語
전 부 야 수 어 이 황 계 백 주 즉 흔 연 희 문 이 정 식 즉 부 지 어

以縕袍短褐 則油然樂 問以袞服 則不識 其天 全故 其
이 온 포 단 갈 즉 유 연 락 문 이 곤 복 즉 불 식 기 천 전 고 기

欲 淡 此是人生第一個境界
욕 담 차 시 인 생 제 일 개 경 계

叟(늙은이 수), 鼎(존귀할 정), 縕(헌솜 온), 褐(베옷 갈)

고요하고 한가로운 자만이 자연의 주인이 될 수 있다

◦◦

산뜻한 바람과 꽃, 눈 위의 달빛의 맑음은 오직 고요한 사람만이 그 주인이 되고, 물과 나무의 번성함과 메마름과 대나무와 돌이 사라지고 자라나는 것은 홀로 한가로운 사람만이 소유할 수 있다.

•••

風花之瀟洒　雪月之空淸　唯靜者爲之主　水木之榮枯　竹
풍 화 지 소 쇄　설 월 지 공 청　유 정 자 위 지 주　수 목 지 영 고　죽

石之消長　獨閑者操其權
석 지 소 장　독 한 자 조 기 권

瀟(맑을 소), 洒(상쾌할 쇄), 權(권리 권)

제10부

菜根譚

제 몸을 고통에 빠뜨리는 것은 어리석은 짓이다

• •

피리 불고 노래하며, 흥이 무르익은 술자리에서 문득 옷을 털고 멀리 떠나는 것은 모든 것을 훤히 알아 경지에 오른 사람이 낭떠러지에서 손을 놓고 걷는 것과 같아 부러운 일이다. 늦은 밤 여전히 쉬지 않고 밤길을 쏘다니는 것은 속된 사람이 제 몸을 고통에 넣는 것 같아 우스운 일이다.

• • •

笙歌正濃處 便自拂衣長往 羨達人撒手懸崖 更漏已殘時
생 가 정 농 처   변 자 불 의 장 왕   선 달 인 살 수 현 애   경 루 이 잔 시

猶然夜行不休 哂俗士沈身苦海
유 연 야 행 불 휴   소 속 사 침 신 고 해

笙(생황 생), 懸(매달 현), 漏(샐 루), 哂(비웃을 소)

338

고요한 마음의 바탕도 맑게 한다

∙∙

마음이 가라앉지 않았거든 마땅히 어수선한 곳을 떠나 자기 마음이 욕심낼 만한 것을 보지 않게 함으로써 고요한 마음의 바탕을 맑게 할 것이다. 마음이 이미 가라앉았거든 마땅히 속세에 살며 자기 마음이 욕심낼 만한 것을 보고도 어지럽지 않게 함으로써 원만한 마음을 길러야 한다.

∙∙∙

把握未定 宜絶跡塵囂 使此心 不見可欲而不亂 以澄吾
파 악 미 정   의 절 적 진 효   사 차 심   불 견 가 욕 이 불 란   이 징 오

靜體 操持既堅 又當混跡風塵 使此心 見可欲而亦不亂
정 체   조 지 기 견   우 당 혼 적 풍 진   사 차 심   견 가 욕 이 역 불 란

以養吾圓氣
이 양 오 원 기

握(쥘 악), 囂(왁자할 효), 操(잡을 조), 既(이미 기)

고요함이 때로는 혼란의 근본이다

· ·

고요함을 좋아하고, 시끄러움을 싫어하는 이는 흔히 사
람을 피해 고요함을 찾으니, 사람이 없는 것에 뜻이 있다
면 곧 자아에 사로잡히게 된다. 고요한 마음에만 집착한
다면 이것이 혼란의 근본이니 어찌 다른 사람과 나를 하
나로 보고 혼란함과 고요함을 모두 잊는 경지에 이르겠
는가.

· · ·

喜寂厭喧者　往往避人以求靜　不知　意在無人　便成我相
희 적 염 훤 자　왕 왕 피 인 이 구 정　부 지　의 재 무 인　변 성 아 상

心着於靜　便是動根　如何到得人我一視　動靜兩忘的境界
심 착 어 정　변 시 동 근　여 하 도 득 인 아 일 시　동 정 량 망 적 경 계

厭(싫을 염), 喧(두려워할 훤), 便(곧 변)

행복과 재앙은 모두 마음에서 이루어진다

인생의 행복과 불행은 마음에서 생기니 불교에서 "사사로운 이익을 탐하는 마음이 불같이 타오르면 이것이 불구덩이며, 욕심과 집착에 빠지면 고통이 된다. 한 마음이 맑으면 거센 불꽃도 못이 되고, 한 마음이 진리를 얻으면 배는 깨달음의 세계에 오른다"고 했다. 생각이 조금만 달라져도 경계는 크게 달라지니 결코 삼가야 하지 않는가.

人生福境禍區 皆念想造成 故 釋氏云 利欲熾然 卽是火
인생복경화구 개념상조성 고 석씨운 이욕치연 즉시화

坑 貪愛沈溺 便爲苦海 一念淸淨 烈焰成池 一念警覺
갱 탐애침닉 변위고해 일념청정 열염성지 일념경각

船登彼岸 念頭稍異 境界頓殊 可不愼哉
선등피안 염두초이 경계돈수 가불신재

熾(불길 셀 치), 溺(빠질 닉), 焰(불 댕길 염), 警(경계할 경), 頓(조아릴 돈), 愼(삼갈 신)

341

떨어지는 꽃 아래에 앉아
구름을 바라보다

••

때로 흥이 일어나 맨발로 풀숲을 거닐면 새들도 경계하는
마음을 잊고 친구가 되고, 경치가 마음에 들어 옷깃을 헤
치고 떨어지는 꽃 아래에 우두커니 앉아 있노라면 흰 구
름이 말없이 곁에 와서 머문다.

•••

興逐時來 芳草中 撤履閒行 野鳥 忘機時作伴 景與心會
흥축시래 방초중 철리한행 야조 망기시작반 경여심회

落花下 披襟兀坐 白雲 無語漫相留
낙화하 피금올좌 백운 무어만상류

逐(따를 축), 撤(거둘 철), 披(열 피), 襟(옷깃 금), 漫(흩어질 만)

낙숫물이 돌을 뚫는다

••

새끼줄도 톱 삼아 오래 쓰면 나무를 자르고, 낙숫물도 오래 떨어지면 돌을 뚫으니 도를 배우는 자는 모름지기 힘써 노력해야 한다. 물이 모이면 개천을 이루고, 오이는 익으면 꼭지가 떨어지니 도를 얻으려는 자는 모든 것을 하늘에 맡겨야 한다.

•••

繩鋸木斷 水滴石穿 學道者 須加力索 水到渠成 瓜熟蒂
승 거 목 단　수 적 석 천　학 도 자　수 가 력 색　수 도 거 성　과 숙 체

落 得道者 一任天機
락　득 도 자　일 임 천 기

繩(줄 승), 鋸(톱 거), 穿(뚫을 천), 渠(도랑 거), 熟(익을 숙), 蒂(꼭지 체), 任(맡길 임)

마음을 쉬면
세상이 고통인 것은 아니다

마음을 쉬면 달빛이 비치고 바람이 불어오니, 이 세상이 반드시 고통인 것은 아니다. 마음을 멀리하면 스스로 수레의 먼지와 말발굽 소리가 들리지 않으니 어찌 산속만을 그리워하여 병이 들겠는가.

機息時 便有月到風來 不必苦海人世 心遠處 自無車塵
기 식 시 변 유 월 도 풍 래 불 필 고 해 인 세 심 원 처 자 무 거 진

馬迹 何須痼疾丘山
마 적 하 수 고 질 구 산

迹(자취 적), 痼(고질 고), 疾(병 질)

시들어가는 초목에 싹이 돋는다

••

풀과 나무가 시들어 떨어지면 바로 뿌리에서 싹이 돋아나고, 눈 내리고 추운 겨울일지라도 마침내 날아오는 먼지에서 봄기운은 온다. 모든 것들을 시들게 하는 기운 가운데도 태어나고 성장하는 기운이 항상 주를 이루니 이것으로 곧 자연의 마음을 알 수 있다.

•••

草木 纔零落 便露萌穎於根柢 時序 雖凝寒 終回陽氣於
초목 재령락 변로맹영어근저 시서 수응한 종회양기어

飛灰 肅殺之中 生生之意 常爲之主 卽是可以見天地之
비회 숙살지중 생생지의 상위지주 즉시가이견천지지

心
심

零(떨어질 령), 萌(싹 맹), 穎(이삭 영), 凝(엄할 응), 肅(엄숙할 숙)

346

고요한 밤 종소리는 더욱 맑게 들린다

● ●

비가 그친 뒤에 산 빛을 보면 경치가 더욱 새롭고 아름답
게 느껴지고, 고요한 밤에 종소리를 들으면 울림이 더욱
맑고 높다.

● ● ●

雨餘 觀山色 景象 便覺新妍 夜靜 聽鐘聲 音響 尤爲淸
우여 관산색 경상 변각신연 야정 청종성 음향 우위청

越
월

聽(들을 청), 響(울림 향)

언덕마루에서 휘파람을 불면 흥이 난다

••

높은 데 오르면 사람의 마음이 넓어지고, 흘러가는 것을 따르면 사람의 뜻이 멀어진다. 비나 눈이 오는 밤에 글을 읽으면 정신이 맑아지고, 언덕마루에서 휘파람을 불면 흥이 난다.

•••

登高 使人心曠 臨流 使人意遠 讀書於雨雪之夜 使人神
등고 사인심광 임류 사인의원 독서어우설지야 사인신

淸 舒嘯於丘阜之巓 使人興邁
청 서소어구부지전 사인흥매

曠(넓을 광), 嘯(휘파람 불 소), 阜(언덕 부), 巓(산꼭대기 전), 邁(초월할 매)

세속적인 마음도 진리의 경지다

· ·

바람과 달, 꽃과 버들이 없으면 조화를 이루지 못할 것이
다. 정욕과 즐기고 좋아하는 것이 없으면 마음의 본체를
이루지 못할 것이다. 다만 내가 사물을 움직이고 사물이
나를 부리지 않으면 즐기고 좋아하는 것과 한순간 충동으
로 일어나는 욕심도 하늘의 뜻이 아닌 것이 없고, 세속적
인 마음도 진리의 경지다.

· · ·

無風月花柳 不成造化 無情欲嗜好 不成心體 只以我轉
무풍월화류　불성조화　무정욕기호　불성심체　지이아전

物 不以物役我 則嗜欲 莫非天機 塵情 卽是理境矣
물　불이물역아　즉기욕　막비천기　진정　즉시리경의

柳(버들 류), 塵(속세 진)

천하를 천하에 돌려주는 자는
속세에서도 속세를 뛰어넘을 수 있다

• •

한 몸으로 자기 한 몸을 깨달은 자는 쉽게 모든 것을 모든
사물에게 돌려줄 수 있고, 천하를 천하에 돌려주는 자는
속세에서도 속세를 뛰어넘을 수 있다.

• • •

就一身 了一身者 方能以萬物 付萬物 還天下於天下者
취 일 신 요 일 신 자 방 능 이 만 물 부 만 물 환 천 하 어 천 하 자

方能出世間於世間
방 능 출 세 간 어 세 간

就(이룰 취), 還(돌려보낼 환)

너무 한가하면 잡념이 생긴다

인생이 너무 한가하면 딴 생각이 슬그머니 생기고, 너무 바쁘면 본성이 나타나지 않는다. 그러므로 군자는 몸과 마음에 근심이 있어야 하고, 또한 자연을 즐기는 멋도 있어야 한다.

人生 太閒 則別念 竊生 太忙 則眞性 不現 故 士君子
인생 태한 즉별념 절생 태망 즉진성 불현 고 사군자

不可不抱身心之憂 亦不可不耽風月之趣
불가불포신심지우 역불가불탐풍월지취

竊(몰래 절), 憂(근심 우), 耽(즐길 탐)

마음이 흔들리면 진심을 잃게 된다

• •

사람의 마음은 흔히 움직이는 데서 진심을 잃는다. 만일 아무 생각 없이 맑고 고요하게 앉아 있으면 구름이 일어날 때 한가롭게 함께 간다. 빗방울이 떨어지면 서늘하여 같이 맑아지고, 새가 지저귀면 흐뭇하게 느끼고, 꽃이 지면 산뜻하게 저절로 감동을 얻으니 어느 곳인들 참다운 경지가 아니며, 어느 것인들 참다운 기운이 아니겠는가.

• • •

人心 多從動處 失眞 若一念不生 澄然靜坐 雲興而悠然
인심 다종동처 실진 약일념불생 징연정좌 운흥이유연

共逝 雨滴而冷然俱淸 鳥啼而欣然有會 花落而瀟然自得
공서 우적이냉연구청 조제이흔연유회 화락이소연자득

何地非眞境 何物非眞機
하 지 비 진 경 하 물 비 진 기

澄(맑을 징), 逝(갈 서), 瀟(강 이름 소)

353

모든 상황을 두루 살펴
기쁨과 근심을 잊어야 한다

● ●

자식이 태어날 때는 어머니가 위태롭고, 돈이 쌓이면 도둑이 엿보니, 어느 기쁨이 걱정이 아니겠는가. 가난은 과연 절약할 수 있게 하고, 병은 과연 몸을 보호할 수 있게 하니, 어느 근심이 기쁨이 아니겠는가. 그러므로 모든 것을 훤히 아는 경지에 오른 사람은 순조로운 상황과 어려운 상황을 같이 보고, 기쁨과 근심을 둘 다 잊는다.

● ● ●

子生而母危　鏹積而盜窺　何喜非憂也　貧可以節用　病可
자 생 이 모 위　강 적 이 도 규　하 희 비 우 야　빈 가 이 절 용　병 가

以保身　何憂非喜也　故　達人　當順逆一視　而欣戚兩忘
이 보 신　하 우 비 희 야　고　달 인　당 순 역 일 시　이 흔 척 량 망

鏹(돈 강), 積(쌓을 적), 戚(슬퍼할 척)

집착하지 않으면
모든 사물과 나를 잊는다

귀는 사나운 바람이 골짜기에 메아리치는 것과 같아서 지나쳐서 머물지 않으면 옳고 그름이 함께 사라지고, 마음은 달빛이 연못에 잠기는 것과 같이 텅 비어 집착하지 않으면 사물과 나를 모두 잊게 된다.

耳根似飇谷投響 過而不留 則是非俱謝 心境如月池浸色
이 근 사 표 곡 투 향　과 이 불 류　즉 시 비 구 사　심 경 여 월 지 침 색

空而不著 則物我兩忘
공 이 불 착　즉 물 아 양 망

飇(미친바람 표), 響(소리 울릴 향)

세상은 어수선한 곳이 아니고
바다는 고통이 아니다

••

세상 사람은 이름을 세상에 알리는 일과 이익에 얽매여 걸핏하면 어수선한 세상이며 고통이라고 말하지만, 흰 구름과 푸른 산, 흐르는 냇물, 돌과 꽃, 새들이 마중하고, 나무꾼이 노래하면 골짜기가 대답하니 세상은 어수선한 곳이 아니다. 바다 또한 고통이 아니거늘 스스로 그 마음을 티끌처럼 어수선하다고 하여 고통을 만들 뿐이다.

•••

世人　爲榮利纏縛　動日塵世苦海　不知雲白山靑　川行
세인　위영리전박　동왈진세고해　부지운백산청　천행

石立　花迎鳥笑　谷答樵謳　世亦不塵　海亦不苦　彼自塵
석립　화영조소　곡답초구　세역부진　해역불고　피자진

苦其心爾
고기심이

縛(묶을 박), 迎(맞이할 영), 謳(노래할 구)

세상의 법도에 물들지 않으면 품위는 높아진다

••

산나물은 세상 사람들이 가꾼 것이 아니며 들새는 사람들
이 기른 것이 아니지만, 그 맛은 모두 향기롭고도 맑다.
우리도 세상의 법도에 물들지 않았다면 과연 그 품위가
훨씬 높고 특별하지 않을 것인가.

•••

山肴 不受世間灌漑 野禽 不受世間豢養 其味皆香而且
산 효 불 수 세 간 관 개 야 금 불 수 세 간 환 양 기 미 개 향 이 차

冽吾人 能不爲世法所點染 其臭味不逈然別乎
렬 오 인 능 불 위 세 법 소 점 염 기 취 미 불 형 연 별 호

肴(안주 효), 漑(물 댈 개), 豢(기를 환), 臭(냄새 취), 逈(빛날 형)

357

꽃은 반쯤 핀 것이 아름답고
술은 적당하게 취한 가운데 멋이 있다

꽃은 반쯤 핀 것을 보고, 술은 적당하게 취할 정도로 마셔
야 그 가운데 아름다운 멋이 있다. 만일 꽃이 활짝 피고
술이 엉망으로 취하면 도리어 추악한 상태에 이르니, 절
정의 자리에 있는 이는 마땅히 이것을 생각할 것이다.

花看半開 酒飮微醉 此中 大有佳趣 若至爛漫酕醄 便成
화 간 반 개　주 음 미 취　차 중　대 유 가 취　약 지 란 만 모 도　변 성

惡境矣 履盈滿者 宜思之
악 경 의　이 영 만 자　의 사 지

微(많지 않을 미), 爛(문드러질 란), 酕(매우 취할 모), 醄(술 취할 도), 盈(찰 영)

헛된 광경에만 사로잡히는 것은 참된 것이 아니다

꽃을 가꾸며 대나무를 심고 학을 구경하고 물고기를 바라보는 것에도 또한 스스로 깨달음이 있어야 한다. 만일 허황되게 광경에만 사로잡혀 그 겉모습의 화려함만 감상하고 즐긴다면 공자의 가르침도 입과 귀로만 익히고 실천에 옮기지 않는 학문이요, 불교에서 완고하게 공이라는 관념에만 사로잡힌 것일 뿐이니, 무슨 참된 맛이 있겠는가.

栽花種竹　玩鶴觀魚　又要有段自得處　若徒留連光景　玩
재 화 종 죽　완 학 관 어　우 요 유 단 자 득 처　약 도 류 련 광 경　완

弄物華 亦吾儒之口耳 釋氏之頑空而已 有何佳趣
롱 물 화　역 오 유 지 구 이　석 씨 지 완 공 이 이　유 하 가 취

栽(가꿀 재), 儒(선비 유)

360

몸과 마음을 장사꾼의 무리에 빠뜨리지 마라

··

자연에 묻혀 사는 선비는 맑고 빈곤하나 스스로 고상한 취미가 많으며, 들의 농부는 꾸밈없이 천진함을 그대로 지녔다. 만일 한 번 몸이 시장의 장사꾼으로 떨어지면 이는 차라리 구렁에 굴러 죽더라도 몸과 마음을 깨끗하게 하는 것만 못하다.

···

山林之士　清苦而逸趣自饒　農野之夫　鄙略而天眞渾具
산 림 지 사　청 고 이 일 취 자 요　농 야 지 부　비 략 이 천 진 혼 구

若一失身市井駔儈　不若轉死溝壑　神骨猶清
약 일 실 신 시 정 장 괴　불 약 전 사 구 학　신 골 유 청

饒(넉넉할 요), 鄙(어리석음 비), 略(다스릴 략), 駔(거간꾼 장), 儈(거간꾼 괴), 溝(하수도 구), 壑(도랑 학)

분수에 맞지 않는 행복은 함정이다

••

분수에 맞지 않는 행복과 까닭 없는 소득은 조물주의 낚시 미끼거나, 곧 세상 사람들의 함정일 것이다. 이런 때에 눈을 높이 뜨고 보지 않으면 그 꾐에 빠지지 않을 사람이 드물 것이다.

•••

非分之福　無故之獲　非造物之釣餌　即人世之機阱　此處
비 분 지 복　무 고 지 획　비 조 물 지 조 이　즉 인 세 지 기 정　차 처

著眼不高　鮮不墮彼術中矣
착 안 불 고　선 불 타 피 술 중 의

獲(얻을 획), 餌(먹이 이), 阱(함정 정), 著(둘 착), 鮮(드물 선)

세상이 평화롭다면 칼이 칼집에서 천 년을 썩어도 아깝지 않다

••

한 가지 일에는 한 가지 해로움도 있으니 일이 없는 것을 복으로 삼아야 한다. 옛 시에서 "그대에게 권하니 제후가 되는 일을 말하지 마라. 장수가 공을 쌓음에는 만 사람의 뼈가 마른다"고 하고, "세상이 모든 일을 평화롭게 한다면, 칼이 칼집에서 천 년을 썩어도 아깝지 않다"고 했으니 비록 영웅의 용맹함이 있을지라도 알지 못하는 사이 눈처럼 녹을 것이다.

•••

一事起 則一害生 故 天下常以無事爲福 讀前人詩 云
일 사 기　즉 일 해 생　고　천 하 상 이 무 사 위 복　독 전 인 시　운

勸君莫話封侯事 一將功成萬骨枯 又云 天下常令萬事平
권 군 막 화 봉 후 사　일 장 공 성 만 골 고　우 운　천 하 상 령 만 사 평

匣中不惜千年死 雖有雄心猛氣 不覺化爲氷霰矣
갑 중 불 석 천 년 사　수 유 웅 심 맹 기　불 각 화 위 빙 산 의

侯(제후 후), 匣(갑 갑), 惜(아까워할 석), 霰(싸라기눈 산)

남의 간섭을 받지 않으려면 근본을 지켜야 한다

인생은 원래 꼭두각시이니 다만 근본을 손에 쥐어야 한다. 한 가닥 실도 흩어짐이 없어야 감고 푸는 것이 자유롭고, 가고 머무는 것도 내게 있으니 털끝만치도 남의 간섭을 받지 않으면 곧 그 마당을 벗어날 수 있다.

人生 原是一傀儡 只要根蔕在手 一線不亂 卷舒自由 行
인 생 원 시 일 괴 뢰 지 요 근 체 재 수 일 선 불 란 권 서 자 유 행

止在我 一毫不受他人提掇 便超出此場中矣
지 재 아 일 호 불 수 타 인 제 철 변 초 출 차 장 중 의

傀(클 괴), 儡(꼭두각시 뢰), 蔕(가시 체), 線(줄 선), 卷(말 권), 毫(터럭 호), 掇(주울 철)

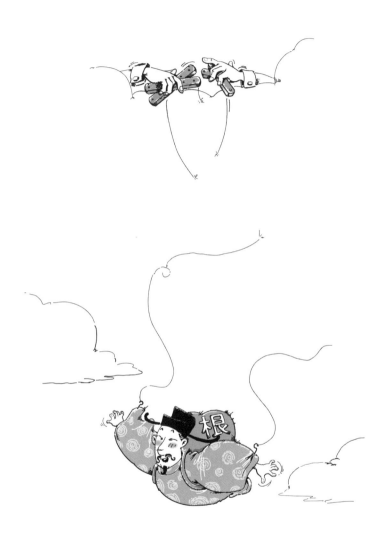

음란한 여인도 여승이 된다

○○

음란하던 여인이 극에 달하면 여승이 되고, 열중하던 사람이 격분하면 중이 될 수 있다. 맑고 깨끗해야 할 사찰이 항상 음란과 사악함의 소굴이 되는 것이 이와 같다.

●●●

淫奔之婦 矯而爲尼 熱中之人 激而入道 淸淨之門 常
음 분 지 부 교 이 위 니 열 중 지 인 격 이 입 도 청 정 지 문 상

爲婬邪淵藪也 如此
위 음 사 연 수 야 여 차

淫(음란할 음), 婦(여자 부), 矯(바로잡을 교), 激(격렬할 격), 藪(늪 수)

몸은 일에 두고 마음은 밖에 두라

• •

파도가 심할 때 배 안에 있는 사람은 두려움을 모르나, 배 밖에 있는 사람은 마음이 서늘해지고, 미쳐서 날뛰는 자가 욕을 할 때 그 자리에 있는 사람은 경계할 줄 모르나 밖에 있는 사람은 혀를 찬다. 그러므로 군자의 몸은 비록 일 안에 있더라도 마음은 일 밖으로 벗어나야 한다.

• • •

波浪 兼天 舟中 不知懼 而舟外者寒心 猖狂 罵座 席上
파랑 겸 천 주 중 부 지 구 이주외자한심 창 광 매 좌 석 상

不知警 而席外者咋舌 故 君子 身雖在事中 心要超事外
부지 경 이 석 외 자색 설 고 군자 신 수 재 사 중 심 요 초 사 외

也
야

兼(겸할 겸), 懼(두려워할 구), 罵(욕할 매), 警(경계할 경), 咋(깨물 색)

367

말을 줄이면 허물이 적어진다

인생에서 한 푼이라도 덜어 적게 하면 한 푼만큼 벗어난
다. 만일 교제를 줄이면 시끄러움을 벗어나고, 말을 줄이
면 허물이 적어지고, 생각을 줄이면 정신이 소모되지 않
고, 영리함을 줄이면 본성을 완전히 할 수 있다. 그러니
날마다 줄이지는 않고 늘어나는 것을 원하는 사람은 참으
로 생명을 얽어매는 것이다.

人生 減省一分 便超脫一分 如交遊減 便免紛擾 言語減
인생 감생일분 변초탈일분 여교유감 변면분요 언어감

便寡愆尤 思慮減 則精神不耗 聰明減 則混沌可完 彼不
변과건우 사려감 즉정신불모 총명감 즉혼돈가완 피불

求日減 而求日增者 眞桎梏此生哉
구일감 이구일증자 진질곡차생재

擾(어지러울 요), 耗(줄일 모), 桎(속박할 질), 梏(묶을 곡)

마음속의 변덕은 버리기 어렵다

••

하늘이 조절하는 추위와 더위는 피하기 쉬우나, 인간 세
상의 뜨거움과 차가움은 제거하기 어렵고, 인간 세상의
뜨거움과 차가움은 제거하기 쉬우나 내 마음의 변덕은 버
리기 어렵다. 마음속의 변덕을 버릴 수 있다면 가슴은 따
뜻하고 생기 있는 기운으로 가득차며 가는 곳마다 저절로
봄바람이 불 것이다.

•••

天運之寒暑　易避　人世之炎涼　難除　人世之炎涼　易除
천 운 지 한 서　이 피　인 세 지 염 량　난 제　인 세 지 염 량　이 제

吾心之氷炭　難去　去得此中之氷炭　則滿腔　皆和氣　自隨
오 심 지 빙 탄　난 거　거 득 차 중 지 빙 탄　즉 만 강　개 화 기　자 수

地　有春風矣
지　유 춘 풍 의

暑(더위 서), 涼(서늘할 량), 炭(숯 탄), 腔(속이 빌 강)

소박한 마음은 저절로 즐겁게 한다

좋은 차만 찾지 않는다면 찻 주전자가 마르지 않을 것이고, 맛 좋은 술만을 구하지 않는다면 술 단지는 비지 않을 것이다. 소박한 거문고는 줄이 없어도 늘 고르고, 단소는 구멍이 없어도 저절로 즐거우니 비록 복희씨(중국의 전설 속의 왕)를 넘기는 어려워도 혜강儔康과 완적阮籍(죽림칠현)쯤은 상대할 만하다.

茶不求精 而壺亦不燥 酒不求冽 而樽亦不空 素琴 無絃
차 불 구 정 이 호 역 부 조 주 불 구 렬 이 준 역 불 공 소 금 무 현

而常調 短笛 無腔 而自適 縱難超越羲皇 亦可匹儔稽阮
이 상 조 단 적 무 강 이 자 적 종 난 초 월 희 황 역 가 필 주 혜 완

壺(병 호), 樽(술 단지 준), 絃(악기 줄 현), 笛(피리 적), 越(넘을 월), 羲(복희 희), 儔(짝 주), 稽(산 이름 혜), 阮(관 이름 완)

한결같은 완전함을 구하지 마라

●●

불교에서 말하는 수연隨緣(인연을 따르는 것)은 유교에서 말하는 소위素位(자기 본분을 지키는 것)로, 이 네 글자는 거친 바다를 건너는 공기주머니다. 대개 세상길은 넓고 멀어 한결같은 생각으로 완전함을 구한다면, 만 가지 실마리가 어지럽게 일어나니 인연에 따라 편안히 하면 어디를 가든 얻게 될 것이다.

●●●

釋氏隨緣 吾儒素位 四字 是渡海的浮囊 蓋世路茫茫 一
석씨수연 오유소위 사자 시도해적부낭 개세로망망 일

念求全 則萬緖紛起 隨寓而安 則無入不得矣
념구전 즉만서분기 수우이안 즉무입부득의

緣(인연 연), 儒(유학 유), 囊(주머니 낭)

청소년을 위한

채근담

홍자성 지음 이상인 옮김

발 행 일 초판 1쇄 2009년 11월 27일
　　　　　초판 2쇄 2009년 12월 4일
발 행 처 평단문화사
발 행 인 최석두

등록번호 제1-765호 / 등록일 1988년 7월 6일
주　　소 서울시 마포구 서교동 480-9 에이스빌딩 3층
전화번호 (02)325-8144(代) FAX (02)325-8143
이메일 pyongdan@hanmail.net
ISBN 978-89-7343-312-4 03150

* 잘못된 책은 바꾸어 드립니다.

이 도서의 국립중앙도서관 출판시도서목록(CIP)은 e-CIP 홈페이지
(http://www.nl.go.kr/ecip)에서 이용하실 수 있습니다.
(CIP제어번호: CIP2009003631)

저희는 매출액의 2%를 불우이웃돕기에 사용하고 있습니다.